JÖRG MÜLLER

Du schaffst es!

Dr. Jörg Müller SAC ist katholischer Priester (Pallottinerpater), Pädagoge und seit 30 Jahren klinischer Psychologe. Er lebt in Freising.
Seine erfolgreichen Bücher haben eine Gesamtauflage von über 1 000 000 Exemplaren.

Seine Bücher im Betulius Verlag Stuttgart:

Alternative Heilverfahren
Therapeutischer Anspruch und Bewertung aus christlicher Sicht

Es muss wohl ein Engel gewesen sein
Himmlische Zufälle

Gehorsam – um jeden Preis?
Weshalb Angepaßte konfliktunfähig sind und Eigenwillige gesünder leben

Gott ist anders
Das Leiden an den falschen Gottesvorstellungen.
Wege zur Heilung

Heilung durch Versöhnung
Modell einer erfolgreichen christlich orientierten Psychotherapie. Mit David Dejori

Ich hab dir was zu sagen, Herr
Gebete für alle Zeiten

Ich muss mit dir reden, Herr
Beten in Zeiten der Bedrängnis

Verwünscht, verhext, verrückt oder was?
Gibt es dämonisch bedingte Störungen? Was sagen Psychologie und Theologie dazu? Wer kann helfen?

Jörg Müller

Du schaffst es!

Wie Worte und Gedanken
uns verändern

Betulius Verlag Stuttgart

Bibliografische Information der Deutschen Bibliothek
Die Deutsche Bibliothek verzeichnet diese Publikation in der
Deutschen Nationalbibliografie; detaillierte bibliografische
Daten sind im Internet über http://dnb.ddb.de abrufbar.

1 2 3 4 14 12 10 09

Einbandgestaltung nach einem Entwurf von Florian Huber,
Thalhausen
Satz: Ulf Dengler, Gold Rose Publishing, Stuttgart
Druck und Bindung: CPI – Clausen & Bosse, Leck

Alle Rechte vorbehalten
© Betulius Verlag GmbH, Stuttgart 2009
ISBN 978-3-89511-105-1

INHALT

	Das Beispiel des Guru	6
1.	Das Experiment mit dem Wasser	7
	Segnet die, die euch verfluchen	10
	In aller Demut ehre auch dich selbst	13
2.	Muskelzuwachs durch die Kraft der Gedanken	18
	Yes, we can	21
	Was immer einer denkt, möge ihm geschehen	24
3.	Veränderung der Gehirnstruktur	31
	Männer und Frauen sind anders gestrickt	35
	Auswirkungen von Vorurteilen	40
4.	Selbstvertrauen wirkt auf den Hormonspiegel	44
	Kranke gesunden durch reine Einbildung	47
	Wer sich erniedrigt, wird erhöht	52
5.	Der emotionale Kompass in der Erziehung	56
	Wenn die Familie sprachlos ist	59
	Wie man Konflikte löst	63
6.	Manipulation in der Werbung	68
	Werbeverhalten und Imponiergehabe	71
	Die wirksamsten Methoden für sich selbst	74
7.	Die Aufdeckung unserer Lebenslügen	79
	Wie blockierte Gefühle unser Leben zerstören	83
	Vergleichen mit anderen ist manchmal sinnvoll	87
8.	Die tödliche Wirkung von Killerphrasen	91
	Raus aus den Killerphrasen und Gedankenlügen	96
	Wenn nur nicht immer dieses »Ja, aber« wäre	99
9.	Gefahren aus der virtuellen Welt des Computers	102
	Krank oder gesund – es ist meine Entscheidung	104
	Wer ist gefährdet?	107
10.	Das christliche Konzept zu einem lebenswerten Leben	110
	Stärke das Gute in dir und im anderen	114
	Du schaffst es	119

DAS BEISPIEL DES GURU

Der Meister versuchte einer Gruppe von Leuten zu erklären, wie die Menschen auf Worte reagieren, von ihnen leben und sich beeinflussen lassen, mehr als von der Wirklichkeit. Da rief jemand laut protestierend dazwischen:
»Sie erzählen Unsinn. Wenn ich Gott, Gott, Gott sage, wird mich das dann göttlich machen? Und wenn ich Sünde, Sünde, Sünde sage, wird es mich böse machen?«
»Sei still, du Hundesohn!« sagte der Meister.
Der Mann wurde kreidebleich vor Zorn und brachte eine Weile kein Wort heraus. Doch dann beschimpfte er den Meister:
»Du nennst dich selbst einen Erleuchteten, nennst dich Guru, Meister, du solltest dich schämen!«
Darauf sagte der so Beschimpfte mit zerknirschtem Gesicht: »Entschuldigen Sie, mein Herr, ich ließ mich hinreißen. Ich bedaure meine unverzeihliche Entgleisung aufrichtig.«
Der Mann beruhigte sich daraufhin sofort.
Und der Meister schob nach: »Sehen Sie, da haben Sie Ihre Antwort: Alles, was es brauchte, waren ein paar Worte, um Sie zu einem Wutanfall zu bringen, und ein paar andere Worte, um Sie zu beruhigen. War es nicht so?« *

---

* Anthony de Mello: Der Dieb im Wahrheitsladen. Freiburg 1997, S. 275

1. Das Experiment mit dem Wasser

Es war im Jahr 1994. Der japanische Biochemiker Dr. Masaru Emoto liest gerade eine Annonce über das Mineralwasser Piroshki: »Unser Piroshki ist nun eine musikalische Speise. Wir haben versucht, seinen natürlich milden Geschmack zu verbessern, indem wir ihm während seiner Reifung Musik von Tschaikowsky vorspielten.«

Die Menschen standen Schlange beim Kauf dieses Wassers. Dr. Emoto, der immer schon ahnte, dass Wasser und Pflanzen eine Art Bewusstsein haben müssten, ging dieser seltsamen Sache wissenschaftlich nach. Er begann mit einem Team interessierter Biochemiker, Experimente mit Wasser durchzuführen, die völlig neue Erkenntnisse brachten und die Wirkung von bloßen Gedanken, geschriebenen und gesprochenen Worten, von Musik und Umweltgeräuschen auf die Wasserkristalle (und damit auch auf den Menschen) aufdeckten.

Wir sprechen von Menschen mit einem »grünen Daumen«, Menschen, die im Umgang mit Pflanzen gutes Geschick zeigen. Wir lesen von Pferde- und Pflanzenflüsterern; bislang lächelte die aufgeklärte Welt über solche Personen und über jene, die mit Pflanzen sprechen und sie mit Musik »aufpeppeln«. Was ist denn nun dran an diesen Geschichten? Lassen sie sich wissenschaftlich nachweisen?

Können freundliche und liebende Menschen ihr Umfeld tatsächlich verändern? Wenn ja, wie und wodurch? Wieso vermag ein einziges Wort die Kristallstruktur von Wasser und damit auch von allen

Lebewesen maßgebend zu beeinflussen? Dr. Emoto und sein Team stellten ein Glas Wasser zwischen zwei Lautsprecher und spielten bei normaler Lautstärke ein Musikstück ab. Dann klopften sie auf die Unterseite der Probenflaschen, um sowohl die soeben vermittelte musikalische Information als auch die Kristallisationsrate zu intensivieren. Dann stellten sie die Proben ins Gefrierfach und fotografierten anderntags bei 500facher Vergrößerung die gefrorenen Kristalle.

Später wiederholten sie die Versuche, indem sie allein durch gedankliche Vorstellung, auch durch gesprochene Worte wie »Danke« oder »Verflucht«, auch durch aufgeklebte Sätze wie »Ich liebe dich« und »Ich hasse dich«, die Qualität, Farbe und Form der Wasserkristalle beeinflussten.

Es begann für alle das spannendste Abenteuer, das je in einem Labor stattfand. »Es schien uns, als ob wir in einen Dschungel eindrängen, in den noch niemand je einen Fuß gesetzt hatte«, schreibt Dr. Emoto in seinem faszinierenden Bilderbuch »Die Botschaft des Wassers«.*

Zur gleichen Zeit beschäftigte sich der Wissenschaftler Dr. Louis Rey in Zürich mit derselben Frage. Auch er fand heraus, dass Wasser geistige Informationen speichern kann. Ausgehend von der Homöopathie, bei der Essenzen geschüttelt und verdünnt werden, erwärmte er das Wasser und fotografierte die Lichtimpulse. Trotz weiterer Verdünnungen des Wassers blieben die Lichtimpulse erhalten, obwohl kein Molekül mehr zu erkennen war. So

---

* M. Emoto: Die Botschaft des Wassers. Band I. Burgrain 2/2002

kam er zu dem Schluss, dass Wasser ein »Gedächtnis« hat. Eines Tages erzählte ein Besucher nach einem Vortrag von Dr. Emoto, wie er selber mit Reis experimentierte: Er gab gekochten Reis in zwei identische Glasgefäße und sprach täglich mit dem Reis. Zu dem einen Gefäß sagte er »Danke«, zu dem anderen »Dummkopf«. Das machte er einen Monat lang. Danach war der »Danke«-Reis fast fermentiert und wies ein sanftes, malziges Aroma auf. Der »Dummkopf«-Reis war schwarz geworden und stank erbärmlich.

Dr. Emotos Team wollte mehr wissen und jeden Zufall ausschalten. So setzten sie eine Reihe von Versuchen fort, die sie unzählige Male und in allen Varianten wiederholten. Sie machten den Versuch mit »Danke« und »Dummkopf« auch mit dem gefrorenen Wasser. Und siehe da: das gelobte Wasserkristall war symmetrisch, goldfarben und sehr schön, während das verdummte Wasserkristall zerfiel. Dabei fiel ihnen auf, dass die zerfallenen Kristalle jenen Kristallen glichen, die von einer Heavymetalmusik berieselt wurden.

Ein anderer Versuch über die Kraft des Gebetes wurde mit Reverend Kato am Fujiwara-Damm gemacht. Kato ist Oberpriester des Jyuhouin-Tempels in Omiya-City. Während seines Gebetes zeigten sich Veränderungen in den Wasserkristallen. Und was das Einmalige war: Zum ersten Mal erblickten die Wissenschaftler einen siebeneckigen Kristall. Bislang waren alle Kristalle sechseckig. Sie hatten dafür keine Erklärung, bis ihnen Reverend Kato sagte, dass er im Gebet die Sieben Benzaiten (Glücksgöttinnen) angerufen habe.

Wasser ist also weltanschaulich neutral, reagiert nur auf die Kraft der Gedanken. Die christlichen Kirchen kennen das geweihte Wasser und das Tischgebet. Natürlich haben sich die Wasserkristalle im Weihwasser und im Essen zu schönen, symmetrischen Formen verwandelt, während sie vorher mehr oder weniger geordnet und auch ungeordnet waren. Man könnte sich nun fragen, wo denn nun die besondere Wirkung der geweihten Speisen sein soll. Sie schmecken schließlich nicht anders als vorher auch. Und ist es nicht egal, mit welchem Wasser wir Gegenstände und Menschen segnen? Hat das Kreuzzeichen eine heilende oder sonstwie positive Beeinflussung?

Versuche ergaben eine aufschlussreiche Erkenntnis: Nur das bewusste gesprochene Wort, also jenes, das mit voller Absicht und Konzentration gesagt wird, zeigt Wirkung. Klebt man auf ein Glas Wasser irgendein Wort, das demjenigen unbekannt ist, der es aufklebt, und von dem auch der Versuchsleiter nichts weiß, verändern sich die Kristalle nicht. Offenbar nimmt das Wasser die geistige Information dessen auf, der diese Handlung vollzieht.

Dann ist Jesus, der »das lebendige Wasser ist, das vom Himmel kommt«, Träger der reinsten Kristallformen.

Segnet die, die euch verfluchen

Der Mensch besteht zu ca 70% aus Wasser. Wenn er sich über Jahre hinweg der aggressiven Heavymetalmusik aussetzt oder wenn er vorwiegend negative

Gedanken hegt, beeinflusst er seine seelische Grundstimmung, was an der Struktur seiner Kristalle erkennbar wird. Umgekehrt wirken entsprechend die positiven Umwelt- und Selbstbeeinflussungen. Wer ermutigt wird und Rückendeckung erhält, blüht auf.
Auch Tiere und Pflanzen reagieren auf ihr unmittelbares Umfeld: So steigert sich das Wohlbefinden des Esels, wenn er ein anderes Tier in seiner Nähe hat, und sei es auch nur ein Karnickel. Die Banane kommt gar nicht gut aus mit einem Apfel in Kontaktnähe; und die Tomaten vertragen keine Gurken. Hingegen verhindert der Lavendel den Läusebefall der Rosen. Würde man Gegner zusammenbringen, käme es zu einem Protest ihrer Wasserkristalle. Gutes Zureden wirkt sogar bei Pflanzen.
Jesus fordert zur Vergebung auf, zur Feindesliebe und zum Gutsein. Die Liebe ist das Hauptgebot der Christen. Nur sie allein vermag den Menschen und die Welt zu verbessern. Auch Pflanzen spüren so was wie Liebe. Dass ich Tiere mag, scheint sich unter Hunden herumgesprochen zu haben. Sie kommen auf mich zu, laufen mir nach, wollen nicht mehr weggehen. Brauchen wir noch einen biochemischen Nachweis für die Wirkung unseres Denkens und Tuns?
Segnende Menschen bauen auf Dauer bei sich und bei denen, die sie regelmäßig segnen, einen Wohlfühlfaktor auf. Insofern sollte man den verloren gegangenen Brauch, dass die Eltern ihre Kinder morgens mit einem Kreuzzeichen auf der Stirn entlassen, nicht einfach abtun. Nun könnte man das alles auf die psychologische Sichtweise reduzieren

und sagen: Klar doch, wer sich angenommen weiß, fühlt sich besser. Seine Hormone bewirken dieses Gefühl; es sind eben die Endorphine, die in die Blutbahn gelangen und ein bisschen happy machen.

Entscheidend ist das Motiv unseres Handelns. Es fällt auf, dass sogar die Wasserkristalle unterschiedliche Motive erkennen, was sich in Form, Farbe und kleinsten Strukturen niederschlägt. Ob ich die Hand zum Segnen nur mechanisch hebe, ohne mir etwas dabei zu denken, ob ich intensiv das Gute auch herbeisehne oder ob ich mit dem Kreuzzeichen lediglich eine Wegwischgeste mache – das Wasser unterscheidet.

In diesem Zusammenhang fällt mir ein, dass mir gläubige Christen wiederholt gesagt haben, nicht exorziertes Weihwasser wirke nicht so stark. Leider liegen mir keine Experimente vor mit solchen Wasserkristallen. Nach den Erkenntnissen von Dr. Emoto neige ich zur Annahme, dass exorziertes Wasser andere Kristalle aufweist als normales Weihwasser. Die Frage bleibt offen, ob die Andersartigkeit auch die Wirkung beeinflusst. Auf jeden Fall aber ist die biblische Forderung, andere zu segnen und dem Bösen das Gute entgegenzustellen, die beste Methode, sich und sein Umfeld zu reinigen. Wer sich auf das Negative einlässt, bedient seine Hormone schlecht, bringt seine Wasserkristalle zum Zerfallen und sabotiert seine Lebensstimmung. Man muss also zum Gutsein keineswegs religiös motiviert sein, wobei ich mich frage, ob die religiöse Motivation bei den Kristallen ein höheres »Ansehen« hat als eine soziale oder nur diplomatische. Wenn man sieht, wie destruktiv und finster die verfluchten

Kristalle aussehen, kann man sich der Bedeutung von Segen und Fluch nicht mehr entziehen. Wenn einer immer wieder flucht, aggressive Kraftworte benutzt, verändert er sein Wesen. Abgesehen davon, dass seine Wasserkristalle zerfallen und hässlich aussehen, hat dadurch sein Verhalten auch Einfluss auf seinen Hormonhaushalt, möglicherweise auch auf seine Abwehrkräfte. Die meisten Menschen denken bei Abwehrkäften allein an das körperliche Immunsystem.
Ich gehe noch weiter und schließe das geistige und geistliche Abwehrsystem mit ein. Geistlich geprägte Menschen, vor allem jene, die regelmäßig meditieren und beten, zeigen starke Aktivierungen jener Hirnregionen, die mit Glücksempfinden verbunden sind, und haben ein besseres Allgemeinbefinden als andere. Insofern bekommen die Religionen einen besonders hohen Stellenwert; denn wer möchte nicht glücklich sein und gesünder leben? In der Tat leben religiöse Menschen signifikant länger und besser, selbst dann, wenn man ihnen das Leben vermiest oder wenn schwere Schicksalsschläge sie belasten.

In aller Demut ehre auch dich selbst

Kaum einer kennt die alttestamentlichen Stellen, in denen es heißt: »In aller Demut ehre auch dich selbst und gib dir das Recht, das dir zusteht... Wenn du Gutes tust, vergiss dich selber nicht... Denn wer sich selbst nichts Gutes tut, ist unerträglich.« (Jesus Sirach 10 ff)

Diese Aufforderung und die von Jesus geforderte Selbstliebe haben nichts mit Egoismus zu tun. Sie sind notwendige Bedingungen zur Nächstenliebe. Wir wissen, dass Menschen, die sich selbst schlecht machen und sich nichts ohne Schuldgefühle gönnen können, ihr eigenes Glück sabotieren. Nicht Gott oder irgendwelche Schicksalsdämonen missgönnen ihnen das Leben, sondern sie sich selber, und zwar unbewusst.

Hier hat die Erziehung wohl auch ihren Teil dazu beigetragen: Wo Anerkennung und Ermutigung zu kurz kommen, wo die Kinder allzu häufig zu Sündenböcken gemacht werden und wo jede Form von Erfolgsfreude oder Eigenlob als Selbstsucht abgewertet wird, verkümmert der Mensch. Allerdings scheint heute der Trend umgekehrt zu laufen: Viele Eltern erziehen gar nicht mehr; sie lassen die Dinge laufen oder fördern sogar noch die Eigenarten ihrer Kinder in der Meinung, dies führe zu einem gesunden Selbstwertgefühl. So geben sich die Halbwüchsigen durchaus die Ehre, aber nicht in Demut, eher in großtuerischem Gehabe. Ob einer sein Ziel schafft auf Kosten anderer (Ellbogentaktik) oder Rücksicht nimmt, ist ein Unterschied. Ein starkes Selbstbewusstsein, das heute viele zeigen, ist nicht gleichzusetzen mit einem stabilen Selbstwertgefühl. Es ist erschreckend zu sehen, wie viele von den 40.000 jungen Menschen, die sich bei »Deutschland sucht den Superstar« bewerben, vor Selbstüberschätzung und Narzissmus platzen. Sie suchen Ruhm und Ehre und finden Erniedrigung und Entwertung.

Ich gebe zu, das mit der Demut schafft Probleme.

Wie geht demütiges sich selber ehren? Sollte man nicht ein anderes Wort dafür finden? Bescheiden? Klingt auch nicht so richtig gut.
Vielleicht können wir uns auf »maßvoll« einigen. Als Susan Boyle, die arbeitslose Köchin aus Schottland, beim britischen Casting »Britain's Got Talent« 2009 den Nachwuchspreis im Gesang erhielt, schlug die anfängliche Häme in Rührung und Jubel um. Mit dem Gesang »I dreamed a dream« erhielt sie stehende Ovationen. Diese von Geburt an leicht behinderte Frau wusste in ihrer ungeschminkten Art ein Volk zu rühren, weil sie echt war, auch in ihrer Naivität rührte und dann vor Freude mit den Füßen stampfte. Immer allein und ungeküßt, pflegte sie ihre Mutter und brach ihr Gesangsstudium ab. Jetzt steht sie – wie ihr englischer Kollege Paul Pott – auf den Bühnen der Welt und bleibt hoffentlich bodenständig, maßvoll, bescheiden. Der Ruhm gehört ihr und darf nicht vermarktet werden. Doch schon bot ihr ein amerikanischer Pornoproduzent eine Million Euro, wenn sie sich vor der Kamera entjungfern lasse. Damit wäre dann auch das letzte Stück Ehre dahin. Ich finde, sie soll so bleiben wie sie ist. »Eine so heroische Verkörperung weiblicher Charakterstärke gab es seit Hillary Clinton nicht mehr«, juchzte die US-Starjournalistin Tina Brown.
Selbstehrung hat auch etwas mit Diskretion zu tun; wer sein Innerstes nach außen kehrt und keine private Rückzugsnische kennt, darf als Exhibitionist verstanden werden. Viele dieser Typen bedauern später ihre exzessiven Selbstdarstellungen, schämen sich ihrer und geben ihren Managern Teilschuld. So kommt manche Miss Europa oder Miss World

zu ihrem Missgeschick, selbstverschuldet durch maßlose Gier nach Reichtum und Ruhm.

Sich ehren in einem gesunden Ausmaß gelingt nur mit gutem Gewissen, wenn einer aus eigener Kraft etwas geschaffen hat in Hingabe und Selbstlosigkeit. Wer sich für etwas Anerkennung holt, das ihm in den Schoß gelegt wurde oder das er auf Kosten anderer erreicht hat, ist vermessen. Seine Selbstliebe beruht nicht auf der gesunden Würde eines geforderten Menschen, sondern auf der krankhaften Selbstdarstellung. Es dürfte jedem einleuchten, dass ein stabiles Ichgefühl etwas zu tun hat mit Versöhnung, Disziplin und anderen Tugenden. Nörgelnde und dauergekränkte Zeitgenossen weisen kein ausgeglichenes Selbstwertgefühl auf. Jahrelange Verbitterung hat längst ihre seelische, hormonelle und kristalline Struktur verändert, sodass viele von ihnen gar nicht mehr aus der eingefahrenen Rolle rauskommen. Deshalb ist es wichtig, sich stets gute Gedanken zu machen, Dankbarkeit zu üben und im größten Dreck noch ein Goldkörnchen zu finden. Wem das gelingt, ist auch imstande, sich und die Mitmenschen zu loben, sich und den anderen etwas zu gönnen. Feindselige Kritiken und Selbstbeschimpfungen (»Ich Dummkopf!« – »Das schaff ich ja niemals«) sind ebenso lebensfeindlich wie krampfhaftes Betonen seines sozialen Status oder die Koppelung von Leistung und Liebe. Manche machen ihr Selbstbild an sozialen Vergleichen fest. Angestellte, ja auch Manager, haben ein niedrigeres Selbstwertgefühl, sobald sie von Altersgenossen umgeben sind, die höhere Leistungen erbringen, während die Präsenz von inkompetenten Menschen ihrem Ego größeren Glanz verleiht. Sich selbst in Demut ehren bedeutet nichts anderes als gelassen bleiben angesichts stärkerer oder schwächerer Konkurrenten; der Betreffende weiß um seine Fähigkeiten und Grenzen. Er versteckt beide nicht, bemüht sich aber, seine Grenzen zu sprengen und, einmal überwunden, diese nicht bei anderen hämisch zu betonen.

Wer sich ein gutes Gefühl verschaffen möchte, sollte alles daran setzen, sich zu pflegen, anständig zu kleiden, sich zu fordern und andere durch Anerkennung zu fördern. Das alles maßvoll. Er sollte Körper wie Geist trainieren, also Sport treiben, Bücher lesen, aufgeschlossen sein für Neues und Probleme als willkommene Herausforderungen deuten.

Alles maßvoll. Und schließlich sollte er allen Widrigkeiten einen Sinn abtrotzen statt zu resignieren oder zu jammern. Wer solches tut, hat auch Erfolge. Nicht zuletzt deshalb, weil sein starkes positives Wesen auf die Umwelt wirkt. Jeder hat es selbst in der Hand.

Fragt ein Schüler seinen Meister: »Warum sehe ich die Schönheiten um mich herum nicht?« – »Weil du nicht außen sehen kannst, was du in deinem Inneren nicht entdeckst«, antwortete der Meister.

2. Muskelzuwachs durch die Kraft der Gedanken

Stellen Sie sich mal vor, welche Folgen es hat, wenn eine Frau ständig um den Gedanken kreist: »Ich mag mich nicht, ich bin hässlich, viel zu dick.« Sie wird durch dieses Denken kein Gramm verlieren, aber möglicherweise noch mehr an Gewicht zulegen, weil sie Frust und Kalorien in sich hineinfrisst. Was aber wäre, wenn sie dächte: »Ich verändere mich, mache Sport und werde schlanker«? Es gibt inzwischen genügend Hinweise auf die Wirksamkeit solcher Gedanken, wenn sie denn konsequent und lange genug gehegt werden.
So hat der deutsch swingende Roger Cicero auf seiner letzten Tournee acht Kilo Gewicht allein mit Hilfe von Atemübungen heruntermeditiert. Ohne Diät. Lange gehegte Gedanken werden in Handlung umgesetzt, verändern allmählich den Hormonhaushalt und sogar regionale Hirnstrukturen. So vermehren sich gewisse Zellen im Stirnlappen, was wiederum die positiven Gedanken verstärkt. Eine Kettenreaktion folgt; am Ende stellt die Person erste Erfolge fest.
Bodybuilder haben sich diese mentale Kraft zu eigen gemacht, nachdem bekannt wurde, wie eingekerkerte und gefesselte Männer ihre Muskelkraft weitgehend erhalten konnten aufgrund täglichen geistigen Trainings, vorausgesetzt, sie hatten ausreichend zu essen. In neuen Untersuchungen konnten Probanden ihre Muskelmasse um 13,5% vergrößern, allein durch gedankliche Vorstellung, den Bizeps anzuspannen. Die Probanden waren zwischen

25 und 30 Jahre alt und hatten 5 Trainingseinheiten pro Woche. Damit sie ihre Muskeln nicht wirklich anspannten, wurden ihre elektrischen Impulse überwacht. *
Hier stellen sich neue Herausforderungen im Kampf gegen altersbedingten Muskelabbau.
Sportler, die durch Krankheit vom aktiven Training abgehalten werden, finden im mentalen Training ein wirksames Mittel, Bewegungsmuster zu aktualisieren.
Darüberhinaus lassen sich Ängste und Hemmungen abbauen, was im Autogenen Training seit Jahrzehnten bekannt ist. Es ist die alte Erkenntnis, dass wir nur einen Bruchteil unseres Gehirns nutzen und auch die Kraft der Gedanken und Einflüsterungen immer unterschätzt haben. Die Psychologie (vor allem die Werbung) hat sich dieser Möglichkeiten viel früher bedient als die Medizin.
Noch ahnen wir gar nicht, was unser Gehirn alles vermag. Gedächtniskünstler und Gehirnakrobaten werden noch zu sehr als Sonderlinge oder einseitig Hochbegabte betrachtet; dennoch öffnet sich in der Medizin und Psychologie ein neues Feld, das allen zugänglich ist.
Was immer ich wirklich will, kann ich erreichen. Tatsächlich sind fehlende Disziplin (Willensstärke), negatives Denken und mangelnde Visionen die eigentlichen Ursachen unserer Misserfolge.
Arnold Schwarzenegger und viele andere haben es uns gezeigt, dass es möglich ist, scheinbar über die eigenen Grenzen hinaus zu wachsen. (Auch wenn er

---

* Studie der Cleveland Clinic Foundation (Nähere Angaben fehlen, Internet-News)

in seiner Aufbauphase mit Anabolika nachgeholfen hat.) Das Hauptproblem ist bei vielen Leuten die fehlende Konsequenz, bedingt durch eine zu schwache Vision. Hinzukommt der sabotierende Gedanke: Das schaffe ich ja sowieso nicht. Den Rest besorgt dann die Ungeduld, die zur Resignation führen kann.

Ob einer Gewicht abnehmen oder gezielt zulegen will, ob einer ein bestimmtes Berufsziel anstrebt oder gar reich werden will, ob jemand charakterliche Schwächen abbauen möchte, in vielen Fällen erreicht er sein Ziel nur, wenn es ihn buchstäblich visionär packt. Alle Wunderkinder haben früh begonnen, ihren Weg konsequent und mit vielen Entbehrungen zu gehen: Mozart, Jehudi Menuhin, Anne-Sophie Mutter, Sarah Chang u.v.a. Kurse in Sachen Meditation oder Autosuggestion sind der Renner. Es ist längst bekannt, dass man das vegetative Nervensystem beeinflussen kann: Der Bluthochdruck geht runter, der Puls verlangsamt sich, Stresshormone werden gedrosselt.

Es gab eine Phase während meiner Gymnasialzeit, in der ich stotterte. Es war mir dann nicht möglich, bestimmte Buchstaben auszusprechen: M und K. Dies währte ungefähr vier Jahre. Da ich Priester werden wollte und demzufolge auch predigen musste, war mir dieser Zustand hochnotpeinlich. Mit reiner Willenskraft gelang es mir nicht, flüssig zu sprechen und zu lesen; im Gegenteil: es wurde dann schlimmer. Von einem paradoxen Effekt wusste ich damals noch nichts. So begann ich in eigener Regie, mein Denken gezielt einzusetzen und immerwährend den Satz wiederzukäuen: »Ich spreche flüssig und frei, die Schranke ist offen.« Dabei stellte ich mir im Geiste vor, wie ich vor der Klasse stehe und frei rede bzw. den Text lese. Zugleich trainierte ich meine Atmung. Dass man diese Technik »Autogenes Training« nannte, erfuhr ich erst später. Tatsächlich verschwand das Stottern nach einem halben Jahr. Seit dieser Erfahrung nutze ich die Macht der Bilder und Einflüsterungen (Autosuggestionen), wenn es um Angstabbau und Willensstärkung geht. Allein dieser Technik verdanke ich auch die Zähigkeit, dreimal wöchentlich ins Fitness-Studio zu gehen, um dort 90 Minuten gegen den inneren Schweinehund anzugehen. Natürlich setze ich während der Übungen an den Kraftmaschinen meine grauen Zellen ein, indem ich mit geschlossenen Augen mir vorstelle, wie mit jedem Atemzug die trainierten Körperteile mit Sauerstoff gefüllt werden und sich sozusagen regenerieren. Ich bin – genetisch und altersbedingt – kein Kraftprotz, aber kann ohne weiteres jeden Untrainierten in die Flucht schlagen.

Yes, we can

Dieser genial simple Satz von Präsident Barrack Obama hat die Herzen und Köpfe der Menschen erreicht. Er hat eine ganze Nation emotional aufgerüttelt. Man konnte fast den Hormonschub spüren, der da durch die Körper ging: Jawohl, wir schaffen das!
Kennen Sie das: Sie sind verzweifelt und sehen keinen Ausweg. Da kommt jemand auf Sie zu und sagt: »Du schaffst es. Glaub mir, du hast das Zeug dazu.

Kopf hoch und weiter!« Leider scheinen es nicht viele zu sein, die solche Ermutigungen erhalten haben. Oftmals folgen dann eher Entmutigungen: »Dummkopf, da schau, was du angestellt hast! – Lass die Finger davon, das kannst du nicht! – Sieh endlich ein, dass du das Zeug dazu nicht hast. – Du willst dich selbstständig machen? Dass ich nicht lache. Bist wohl größenwahnsinnig geworden!« Solche Entwertungen ziehen herunter, machen schlimmstenfalls depressiv, bestenfalls wütend. Gott sei Dank haben meine Eltern mich immer ermutigt, etwas anzupacken. Und siehe da: Ich habe es geschafft. Yes, I can.
Enrico Caruso erhielt von seinem Lehrer das vernichtende Urteil, ein miserabler Sänger zu sein; Albert Einstein war in Physik keineswegs ein guter Schüler, und Jörg Müller ist mehrmals sitzengeblieben. Und sie alle haben es geschafft. Lassen Sie sich niemals ein auf die vernichtenden Urteile Ihrer Lehrer! Mobilisieren Sie alle Kräfte zum Trotz und zeigen Sie, was Sie drauf haben. Manchmal ist eine »mangelhaft« besser als gar keine persönliche Note.
1968 veröffentlichte der amerikanische Psychologe Robert Rosenthal seine klassische Studie zur Rolle der Lehrererwartungen. Er unterzog Schüler einem Intelligenztest und wählte nach dem Test jedes fünfte Kind nach dem Zufallsprinzip aus. Diese Kinder wurden den Lehrern als begabte Talente vorgestellt. Er wies darauf hin, dass erhebliche Leistungssteigerungen zu erwarten seien. Vier Monate später wurden bei diesen angeblich so hochintelligenten Kindern signifikant höhere IQ-Steigerungen festgestellt. Mit anderen Worten: Schon unbewusste Erwar-

tungshaltungen vermögen entsprechende Wirkungen zu zeigen. Nicht auszudenken, was passiert wäre, wenn die betreffenden Schüler als wenig intelligent vorgestellt worden wären.
Wer von sich oder anderen wenig erwartet, erntet auch wenig. Es sind nicht wenige, die resigniert haben, nachdem man ihnen Dummheit vorgeworfen hat, obgleich sie gar nicht dumm waren, sondern allenfalls emotional blockiert.
Wir haben es hier zu tun mit sich selbst erfüllenden Prophezeiungen. »Dein Glaube hat dir geholfen«, sagte Jesus wiederholt. Er sagte nicht: »Ich habe dir geholfen.«
Worte können einschränken, aber auch mutig machen. Wir sind bei der Wahl unserer Worte oft verletzend, ohne es zu wollen; wir manipulieren die anderen (und uns selbst) durch den Gebrauch von Ausrufezeichen und Killerphrasen: »Du kannst wohl nie zuhören, was?« – »Was du da gekocht hast, war grottenschlecht.« – »Das kannst du dir abschminken. Du bist dafür nicht der Typ.« – »Lass das! Das bringt nichts.« Auch wenn die Aussage mitunter inhaltlich stimmen mag, bleibt die kränkende Formulierung im Hinterkopf gespeichert. Irgendwann prägt sie das Bewusstsein und dann auch das Handeln.
Als ich einen jungen Mann im Gefängnis besuchte, der wegen Diebstahls und Betrugs drei Jahre abzusitzen hatte, meinte er: »Ich bin jetzt das geworden, wozu mich meine Familie immer gemacht hat: zu einem Nichtsnutz.«
Sie handeln gegen den Plan Gottes, wenn Sie sich und andere schlecht machen. Negative Etikettierun-

gen können einen Menschen lebenslang stigmatisieren und lähmen trotz seiner verborgenen guten Fähigkeiten. Klar doch, wenn ein Adler im Hühnerhof ausschlüpft und lange genug meint, ein Huhn zu sein so wie die anderen, wird er trotz seiner Sehnsüchte und ständigen Blicke nach oben weiterhin ein Huhn bleiben, obgleich doch zum Adler geschaffen.

Was immer einer denkt, möge ihm geschehen

Damit Sie mich nicht falsch verstehen: Ich plädiere hier nicht für Methoden zur Selbsterlösung. Ich will keineswegs die Ideen von Joseph Murphy oder Dale Carnegie oder Erhard Freytag aufwärmen, die das positive Denken zum Allroundheilmittel gemacht haben. Ich bin katholischer Priester und klinischer Psychologe und als solcher fühle ich mich der christlichen Spiritualität verpflichtet. Jesus selbst wies darauf hin, dass die Kraft des Glaubens entscheidend sei für die Erreichung eines Ziels. Der Unterschied zwischen den reinen Esoterikern und den Christen besteht in der Ausrichtung ihres Zieles. Biblische Aussagen sind stets christozentrisch, nicht egozentrisch; die Gnade Gottes ist entscheidend, nicht die eigene Kraft. Reich werden ist nicht möglich allein durch mentales Training; da braucht es mehr. Und gesund bleiben funktioniert nicht einfach auf der Ebene des reinen Wollens. Jesus fordert das Mittun des Menschen, seine Bereitschaft und Hingabe; denn die Gnade Gottes legt sich auf die Natur des Menschen. Mit anderen Worten: Gott will sich der Menschen bedienen, wenn es um die Erlösung der Schöpfung geht. Und dazu braucht er unsere ganze geistige und geistliche Kraft.

»Dir geschehe, wie du geglaubt hast«, sagte Jesus zum Hauptmann, der um die Heilung seines Knechtes bat und davon überzeugt war, dass Jesus auch aus der Ferne heilen konnte (Matth 8,13).

In einer koreanischen Studie, die nach allen Regeln der Wissenschaft aufgebaut war, stellte sich Unglaubliches heraus: wird für unfruchtbare Frauen gebetet, erhöht sich deren Chance auf Schwangerschaft um das Doppelte. Die betreffenden Frauen kannten nicht einmal die Beter. Ja, nicht einmal die Ärzte noch die 169 Patientinnen wussten, dass und für wen gebetet wird. Die betenden Menschen erhielten das Foto »ihrer« Patientin und den Auftrag, drei Wochen lang für sie zu beten. Die Schwangerschaftsrate betrug 50 Prozent, unabhängig vom Alter und von der Ursache der Unfruchtbarkeit.*

Wir alle haben schon unzählige Berichte von Gebetserhörungen gelesen oder eigene erfahren. Beten hat eine andere Qualität als mentales Krafttraining. Das eine ist an Gott gerichtet, liefert sich aus, das andere entsteht aus mir selber und hat wohl auch Grenzen. Manche verwechseln das oder sehen im Gebet eine Art autosuggestiver Konzentration. Ich erinnere mich an den Besuch eines freikirchlichen Kongresses, an dem mehrere hundert Teilnehmer beteten. Dabei hatte ich den Eindruck, dass die Beter ziemlich heftig und emotional den Heiligen Geist herabriefen und durch stereotype Wiederholungen ihrer Rufe die Kraft Gottes herbeipumpen

---

* Ärztliche Praxis Nr 84 vom 19.10.2001

wollten. Es kam mir vor, als ob Lautstärke und Herumfuchteln der Hände wichtige Voraussetzungen waren für ein gelingendes Beten. »Ja, du kommst, Herr, ja, jetzt bist du da, Herr. Komm, komm, ich spüre dich schon, ja, danke...«
Mir war nicht wohl dabei. Da spielten gewiss gruppendynamische Faktoren eine größere Rolle als der Heilige Geist. Ich möchte die Ernsthaftigkeit dieser gläubigen Menschen keineswegs in Frage stellen oder verunglimpfen, im Gegenteil: sie war auch beeindruckend. Aber es wirkte auf meinen nüchternen Verstand zu aufgesetzt und manipulativ. Andererseits: Wer vermag schon immer so genau die Grenze zu ziehen zwischen tatsächlicher göttlicher Wirkung und bloßer menschlicher Eigendynamik? Was immer einer glaubt, erhält bessere Chancen, auch Wirklichkeit zu werden.
Kennen Sie das: Sie sprechen mit ihren Freunden gerade über Herrn N. Die Tür geht auf und Herr N. tritt ein. Sie denken gerade intensiv an Frau W. Justament läutet das Telefon und Frau W. möchte Sie sprechen. Sie haben ein finanzielles Problem und träumen von einem Lottogewinn. Und anderntags flattert ein Scheck ins Haus, mit dem ein Bekannter seine vergessenen Schulden begleichen will. Solche Erfahrungen sind keine Gebetserhörungen, vielleicht unterschiedliche Grade himmlischer Zuwendungen, möglicherweise aber auch nur ganz banale »paranormale« Vorkommnisse.
Die Empfehlung Jesu, gemeinsam zu beten und nicht im Alleingang Gott zu bestürmen, mag mit dem Geheimnis gebündelter Kraft zu tun haben. »Wo zwei oder drei beisammen sind und um etwas

bitten, werden sie es bekommen« (Matth 18,20). Damit betont Gott selber den Gemeinschaftscharakter des Betens. Er selbst bat am Ölberg die Jünger, mit ihm zu beten; leider aber sind die Burschen eingeschlafen.
Viele Menschen sind unglücklich und fördern durch vorwiegend pessimistisches Denken weiteres Unglück. Denn auch das kann eintreten, was ich lange genug befürchte. Da wirft Frau K. einen Blick auf den Kalender und sieht mit Schrecken: Heute ist der Dreizehnte. Da sie abergläubisch ist, versucht sie nun, den Tag mit Vorsicht anzugehen. Doch kommt es, wie es kommen muss: Es geht etliches schief. Sie verliert ihr Portemonnaie, dann fällt sie auch noch hin. »Ich hätte es mir denken können«, murmelt sie. Als sie am Telefon ihr Leid einer Bekannten klagte, wies diese sie darauf hin, dass heute erst der zwölfte ist.
Nicht die Umstände machen mich krank, auch nicht die Leute, sondern mein Denken über sie.
Haben Sie heute schon mit Zuversicht den Tag begonnen? Gibt es etwas, auf das Sie sich freuen? Ist Ihnen schon ein Lob über die Lippen gekommen? Braucht heute jemand eine Anerkennung von Ihnen, eine Ermutigung? Wissen Sie sich von Gott geliebt und gebraucht? Wenn ja, haben Sie die besten Voraussetzungen für einen guten Tag. Nutzen Sie ihn.

Eines Tages entschloss sich der König eines fernen Landes, als Kaufmann verkleidet, unters Volk zu gehen, um herauszufinden, wie die Leute so denken. So kam er eines Abends an

das Haus eines Flickschusters. Er klopfte an und bat um Einlass. Der Tagelöhner lud ihn ein, mit ihm das karge Mahl zu teilen. Und so kamen sie ins Gespräch. Er erzählte dem Kaufmann, dass er von Haus zu Haus zog und die Schuhe der Leute reparierte.
»Und was machst du, wenn morgen der König das Flickschustern verbieten würde?« fragte der König.
»Gott seit gepriesen Tag um Tag. Er wird mir schon was einfallen lassen.«
Am anderen Tag verkündeten die Botschafter des Königs, dass im ganzen Land das Flickschustern verboten sei.
Seltsam, dachte der Tagelöhner, was Könige doch für merkwürdige Einfälle haben. Und so ging er von Haus zu Haus, um Holz zu hacken denn Holz braucht jeder.
An jenem Abend kam abermals der Kaufmann und fragte ihn, womit er denn heute seinen Lohn verdient habe.
»Ich habe Holz gehackt« erwiderte er.
»Und was machst du, wenn morgen auch das verboten wäre?«
»Gott sei gepriesen Tag um Tag. Er wird mir schon eingeben, was dann zu tun ist.«
So kam es denn, dass der König auch das Holzhacken unter Strafe stellte.
Doch unser Tagelöhner pries Gott und sorgte nun dafür, dass die Leute genug Wasser haben. Eimer um Eimer schleppte er herbei und hatte am Abend wieder genug Geld für sich und diesen seltsamen Kaufmann, der zum dritten Mal

erschien. Der König war beeindruckt von der zuversichtlichen Haltung und von dem Gottvertrauen dieses Tagelöhners. Anderntags kamen die Herolde des Königs und forderten den Flickschuster alias Holzhacker alias Wasserholer auf, vor dem Schloss Wache zu halten. Sie gaben ihm ein Schwert aus Gold in einer goldenen Scheide.

Da stand er nun, der arme Mann, und konnte nichts verdienen, denn der König zahlte ihm für diesen Wachdienst nichts. So pries er Gott und ging nach Dienstschluss zum Pfandleiher, um dort das goldene Schwert einzulösen. Auf diese Weise hatte er genug für sich und diesen hartnäckigen Gast, der ihn neugierig ausfragte.

»Ich hörte, du hattest Wache zu schieben am Schloss seiner Majestät.«

»Ja, ich habe das Schwert im Pfandhaus versetzt und eins aus Holz geschnitzt.« Und stolz zeigte er das Holzschwert, das nun in die goldenen Scheide steckte.

Der König dachte sich: Jetzt hab ich ihn, diesen ausgekochten Fuchs. Mal sehen, was er morgen tun wird. Und er ließ ihn von seinen Dienern abholen.

»Befehl des Königs: Du sollst mit dem Schwert einen Mörder enthaupten. Heute Mittag auf dem Marktplatz« sagten die Diener.

»O Gott« seufzte der Tagelöhner. Jetzt wird es eng. Und er pries Gott und machte sich auf zum Marktplatz. Dort war die Menschenmenge bereits neugierig versammelt; auch der König hatte sich als Kaufmann verkleidet in

der Menge versteckt. Als unser Tagelöhner dem Mörder gegenüberstand, rief er laut: »Gott, sei gepriesen. Du hast vernommen, was ich tun soll. Wenn dieser Mensch ein Mörder ist, werde ich ihn mit dem goldenen Schwert enthaupten. Wenn du aber meinst, ich solle ihn nicht töten, dann verwandle das Schwert zu Holz.«
Dann zog er es aus der Scheide – und siehe da, es war aus Holz. Die Menge jubelte und staunte, ja sie klatschte in die Hände und pries Gott. Der König trat auf den Tagelöhner zu und gab sich zu erkennen; er umarmte ihn und sagte: »Ich sehe, du bist fürwahr ein kluger und frommer Mann. Und weil ich noch keinen Menschen traf, in dem sich Klugheit und Frömmigkeit so eindrucksvoll paaren, will ich dich zu meinem Ratgeber machen und fürstlich bezahlen.«
Und wenn sie nicht gestorben sind, dann leben sie noch heute. *

---

* Quelle unbekannt

3. Veränderung der Gehirnstruktur

»Es ist einfacher, ein Atom zu spalten, als ein Vorurteil zu zerstören«, meinte Albert Einstein. Inzwischen ahnt man auch, warum das so ist. Es gibt psychologische und neurophysiologische Gründe für die Beharrlichkeit von festgefahrenen Denkweisen. Psychologisch betrachtet, dienen Meinungsbilder einmal der Gruppenstärkung, zum anderen erleichtern uns feste Urteile das ohnehin schon komplizierte Leben. Wer sehr lange bestimmte Denkmuster mit sich trägt, sie immer wieder aktiviert, fährt sich fest. Da weiß man, was man hat. Das gibt soziale Sicherheit und grenzt mich von anderen ab. Diese festgefahrenen Muster prägen sich im Gehirn ein. So verändern sich die betreffenden Hirnregionen, wobei die graue Substanz (formatio reticularis) dort zunimmt. Konsequente Holocaustleugner sind also nicht nur Menschen mit einer imposant starken Verdrängung, sondern die cerebrale Schicht für den Bereich des Nichtwahrhabenwollens ist wahrscheinlich erheblich geschwollen. Sie kommen nicht mehr aus der Spur. Das bedeutet nun aber keineswegs eine Schuldunfähigkeit, sondern lediglich ein Gefangensein im selbstgebauten Kerker.
Jede Form des Denkens lässt sich so speichern. In der Tierdressur wird das Tier für das erwünschte Verhalten belohnt. Die Belohnung koppelt sich an dieses bestimmte Verhalten. Jedes Mal, wenn die Robbe mit ihrer Flosse winkt, erhält sie einen Fisch. Das macht sie glücklich, weil sich ein Glückshormon dazugesellt. Beim Menschen ist das nicht

anders: Wo immer wir uns glücklicher Momente erinnern, streben wir nach Wiederholung. Ja sogar negative Verhaltens- und Gefühlsmuster können so lebenslänglich verstärkt werden, sofern Glückshormone den Schmerz überlagern. Schlägt man die Ratte, fügt man also einen leichten Schmerz zu, und gibt ihr nun zugleich ein ganz tolles Leckerli, wird sie nach einer gewissen Zeit die Schläge mit der Belohnung konditionieren. Sie wird um den Preis eines gewissen Schmerzes unbedingt das Leckerli haben wollen. Auf diese Weise entsteht auch der Masochismus. Irgendwann hinterlässt diese Koppelung ihre Spuren im betreffenden Areal des Gehirns. Das ist wohl auch einer der Gründe, warum derartige Verhaltenseigenarten schwer zu therapieren sind. Das gelingt nur dann, wenn neue Erfahrungen mit einer noch besseren Belohnung attraktiver werden als die alten.

Je älter ein Mensch ist und je länger er ein bestimmtes Denken und Tun verinnerlicht hat, desto schwerer wird das Umlernen. Schuld daran ist nicht das Alter als solches, sondern die verkümmerte Abteilung »Neues lernen« im Okzipitallappen des Gehirns. Nur wer ständig in Übung bleibt, also bereit ist, stets Neues zu lernen, vermag auch im hohen Alter noch umzudenken, Neues zu lernen, fit zu bleiben. Das beste Beispiel ist Johannes Heesters, der hochbetagt und fast blind noch Texte lernt, die ihm seine Frau vorliest; er trainiert täglich mit Hanteln seine Muskeln, freut sich auf seine Arbeit und strotzt vor Selbstbewusstsein. Mit anderen Worten: Es geht im Alter sehr vieles noch, wenn man offen bleibt für Neues.

Allein der Satz »dafür bin ich schon zu alt«, den ich immer wieder aus dem Mund von gar nicht so alten Menschen höre, blockiert. Solches Denken lässt zweifellos die graue Hirnsubstanz schrumpfen. Dann schaut man tatsächlich mit sechzig schon sehr alt aus. Münchener Forscher haben herausgefunden, dass das Einüben bestimmter Handlungen die graue Substanz in spezifischen Gehirnregionen wachsen lässt, beispielsweise durch das Lesen von Spiegelschrift.

Zwanzig Studenten stellten sich für das Experiment zur Verfügung. Dr. Rüdiger Ilg vom Klinikum rechts der Isar und sein Team beobachteten zwei Wochen lang diese Studenten, die während dieser Zeit spiegelverkehrte Schrift lesen sollten.

Beim Training verlagerte sich die Aktivität vom seitlichen Scheitellappen, wo das räumliche Vorstellungsvermögen sitzt, hin zum Okzipitallappen, wo das visuelle Verarbeiten stattfindet. Dabei nahm die graue Substanz zu. *

Die Fertigkeit, eine Schrift spiegelverkehrt zu lesen, schritt voran. Den meisten gelang es sogar hinterher, aus dem Kopf heraus ihre Sätze rückwärts zu sprechen.

Über derartige Kunststücke und kognitive Fähigkeiten wird genug geschrieben. Es beweist die fast grenzenlose Möglichkeit, die der Mensch hat, aber nicht nutzt. Man braucht dann wohl den Hinweis Jesu, wer genügend Glaube besitzt, kann auch Berge versetzen, nicht unbedingt wörtlich zu verstehen, aber als Fingerzeig Gottes hinsichtlich der ungeheu-

---

* Apotheken-Umschau 24.5.2006

ren Potenziale, die im Gehirn des Menschen schlummern.
Angst einflößende Drohworte oder Stresswörter wie »Mord«, »Krebs« und »Kündigung« hinterlassen Spuren im Gehirn. Sie bewirken eine kurzfristige Überaktivität des linken und des rechten Mandelkerns. Dieser Teil des limbischen Systems ist für die emotionale Bewertung und Verarbeitung von Signalen zuständig. Bei depressiven Patienten bleibt diese Aktivierung eine Zeit lang erhalten und erzeugt Stress. Die weitere Folge ist dann die Schwächung des Immunsystems. Zum Glück können diese zerstörenden Nervenverknüpfungen jederzeit aufgelöst werden, und zwar – und das ist das Gute daran – allein durch die Kraft der Gedanken.
Die wichtigste Region, in der sich während der Kindheit intensive Nervenzellkontakte herausbilden, ist die Hirnrinde, insbesondere der Stirnlappen. Diesen Teil brauchen wir, wenn wir uns ein Bild von uns selbst und von der Welt machen wollen, wenn wir Handlungen planen und Folgen abschätzen müssen, wenn wir Neues lernen und Mitgefühl entwickeln wollen. Diese Zellen müssen ständig aktiviert und vorher aber durch Erfahrungen anhand guter Vorbilder geformt und gefestigt werden. Wenn hier zu wenig oder falsch vermittelt wurde, kommt es zu einem Mangel an Einfühlungsvermögen, Lernfähigkeit und Selbsteinschätzung. Schwere Traumata, also angstbesetzte Erfahrungen, lagern sich in tieferliegende, subkortikale Zentren ein, wo sie nie wieder »aus dem Sinn gehen«. Bis diese Bilder verblassen, herrscht Unruhe; Hormone versuchen nun, dieser Unruhe Herr zu werden,

indem sie die erregten Nervenzellen zur Ruhe bringen. Wenn jetzt neue Bilder auf den Menschen eindringen, wenn etwa durch Umarmung, beruhigende Gespräche, auch Medikamente, die alten Schreckensbilder überlagert werden, kann Heilung entstehen. Darin besteht ja auch die Aufgabe sogenannter Trauma-Psychologen, die beispielsweise überlebende Opfer eines Amoklaufes auffangen sollen. *

Männer und Frauen sind anders gestrickt

Was Wissenschaftler nicht alles untersuchen! An der Universität von Californien, Irvine, entdeckten die Neurologen mit Hilfe der Magnetresonanztomographie, dass Männer und Frauen bei gleichem Intelligenzquotient unterschiedliche Gehirnareale bedienen. Das erklärt auch, warum Männer und Frauen verschieden denken, auch wenn sie dieselben Leistungen vollbringen. Bei Frauen ist dabei das Zehnfache an weißer Gehirnmasse beteiligt, während bei Männern umgekehrt der Anteil der grauen Gehirnmasse um das sechsfache höher ist. Die Folgen sind: Männer lösen Aufgaben isolierter und lokaler, Frauen verknüpfen Informationen besser. Könnte es sein, dass von daher Frauen allgemein sozialer und kommunikativer sind als Männer?
Wird bei der Frau das Frontalhirn erheblich verletzt, werden kognitive Leistungen geschädigt, mehr als beim Mann, bei dem die Zentren räumlich verteilter sind. Warum das so ist, weiß man nicht.

---

* G.Hüther: Die Macht der inneren Bilder. Wie Visionen das Gehirn verändern. Göttingen 2008

Auffallend ist die Tatsache, dass Frauen beim Reden weitaus mehr Hirnareale aktivieren als Männer, während das hingegen beim Einparken und beim Bedienen mechanischer Werkzeuge umgekehrt ist. Haben Sie einmal bemerkt, dass sich Frauen anders begrüßen als Männer? Noch nie hörte ich eine Frau zu ihrer Freundin sagen: »Hallo, du alte Schnepfe, wie geht's?« Sie sagt: »Hallo Gisela, wie geht's?« Männer machen das so: »Na du, alter Gauner, wieder mal zu tief ins Glas geschaut?« Grundsätzlich sind Männer eher sach- und handlungsorientiert, Frauen eher person- und gefühlsorientiert. Wenn ein Mann sich aufregt, wird er erst lospoltern und dann den Motor auseinandernehmen oder den tropfenden Wasserhahn reparieren. Wenn eine Frau sich aufregt, wird sie erst weinen und dann ihre Freundinnen anrufen und sich die Seele freireden.

Aber auch innerhalb desselben Geschlechts kann es unterschiedliche Verarbeitungs- und Bewertungsmuster geben; das liegt an der Erziehung, auch an den Erfahrungen und übernommenen soziokulturellen Denkmustern. Jeder sieht die Wirklichkeit ein bisschen anders. Wer da nicht Toleranz übt oder den Versuch macht, »in den Mokassins des anderen zu gehen«, wird den sozialen Frieden stören. Wieviel Unglück ist schon unnötigerweise über den Menschen gekommen, weil er Worte, Bilder oder Gesten aufgrund von Misstrauen oder Selbstablehnung negativ deutete.

Vor vielen Jahren, im frühen Mittelalter, wurde der Papst von seinen Ratgebern gedrängt, die Juden aus Rom zu verbannen. Doch der Papst war ein gerechter Mann und machte Juden einen fairen Vorschlag: sie sollten einen der ihren ernennen, um mit ihm pantomimisch zu debattieren. Wenn er gewönne, könnten die Juden bleiben.

Niemand aber war bereit, sich auf diese sehr schwierige Lage einzulassen, außer dem Hausmeister der Synagoge. Mit besorgten Mienen trat man dann zusammen und debattierte nun gestenreich vor den Augen der gesamten vatikanischen Belegschaft.

Feierlich hob der Papst einen Finger und fuhr mit ihm über den Himmel. Der Hausmeister zeigte energisch auf die Erde. Da hielt der Papst seinen Finger dem Hausmeister vors Gesicht, worauf der Jude drei Finger ebenfalls auf das Gesicht des Heiligen Vaters richtete. Dann holte der Papst einen Apfel aus dem Gewand, worauf der Hausmeister ein flaches Stück Matze aus seiner Papiertasche holte. Darauf rief der Papst laut: »Die Juden haben die Debatte gewonnen!«

Die Kardinäle drängten sich um den Papst und wollten wissen, was das Ganze zu bedeuten habe. Der Papst wischte sich den Schweiß von der Stirn und sagte: »Dieser Mann ist ein brillanter Theologe. Ich bewegte meine Hand über den Himmel, um anzudeuten, dass das ganze Universum Gott gehört. Er zeigt nach unten, um mich daran zu erinnern, dass es einen Ort gibt, wo der Teufel herrscht. Ich hob dann einen Finger, um anzuzeigen, dass Gott Eins ist. Da zeigte er drei Finger und ermahnte mich;

denn Gott ist Dreifaltigkeit. Ich verlagerte dann die Debatte auf ein anderes Gebiet, nahm einen Apfel, um anzudeuten, dass nach neumodischer Ansicht die Erde rund ist. Er zog ein flaches Stück Brot hervor und korrigierte diese Ansicht: die Erde ist eine Scheibe. So musste ich im den Sieg überlassen.«
Unterdessen waren die Juden unter sich und fragten den Hausmeister nach der Bedeutung der Debatte. Dieser war empört. »Es war ein blödes Getue. Zuerst bewegte er seine Hand und meinte, wir sollten raus aus Rom. Da zeigte ich nach unten um klarzumachen, dass wir uns nicht rühren würden. Dann drohte er mir mit einem Finger. Also hob ich drei Finger, um zu sagen, dass er uns gegenüber dreimal so unverschämt handele, wenn er uns aus Rom ausweise. Was macht er dann? Er holt sein Frühstück heraus. Also holte ich auch meines.« *

Wer Unheil wittert, sieht es auch. Wer schlechte Erfahrungen gemacht hat, wird misstrauisch und sieht die Dinge durch eine gefärbte Brille. So sind viele Urteile längst Vorurteile, bevor wir es überhaupt merken.
Weil die Buben in der Grundschule im Fach Rechnen nicht so gut vorankommen, wenn Mädchen anwesend sind, hat man nun in einigen Schulen die Geschlechter wieder getrennt. Weil die Mädchen sich oft von den Buben unterdrückt und unterschätzt fühlen, haben sie Hemmungen im Physikun-

---

* Nach Anthony de Mello: Warum der Schäfer jedes Wetter liebt. Freiburg 1988, S.38

terricht, obwohl sie genau so gut sind wie die Buben. Es scheint, als ob in diesem kindlichen Alter das Zusammensein nicht immer förderlich ist. Vielleicht liegt es am alten Vorurteil, das die einen über die anderen hegen.
Wenn Kinder früh genug Akzeptanz erfahren und in selbstständiger Weise durchaus auch schwierige Aufgaben lösen müssen, entwickeln sie erstaunliche Fähigkeiten. Wichtig ist ein an ihnen interessiertes und empathisches Umfeld. Kinder, die mit Unterstützung der Erwachsenen Konflikte lösen und komplexe Situationen meistern dürfen, haben es als Erwachsene leichter. Ihr so erworbenes Selbstvertrauen lässt sie fast alles meistern. Dann sind Misserfolge kein Grund zur Selbstanklage, sondern Ansporn zum Weitermachen. Solche Menschen empfinden sich selten als hilflos; denn Hilflosigkeit ist keine Frage der objektiven Realität, sondern eine Frage seiner Wahrnehmung und Interpretation. Hilflosigkeit entsteht im Kopf. Optimistische Sichtweisen ermöglichen neue Erfahrungen, während pessimistische sie verhindern.
Sagen Sie niemals: »Ich kann das nicht. Es ist zu spät. Das bringt alles nichts...«, sondern sehen Sie die Gründe des Misserfolgs in der Schwierigkeit der Aufgabe, in der schlechten Tagesform oder im falschen Denkansatz. Denn Optimisten haben zwar viele Misserfolge, aber auch mehr Erfolge. Es fällt auf, dass erwachsene weibliche Testpersonen die Rückmeldung »falsch« häufiger als persönlichen Misserfolg betrachten als die männlichen Probanden. Dennoch wird der Ehrgeiz bei beiden Gruppen gleichermaßen angestachelt, wobei die Männer

beim wiederholten Versuch, der Aufgabe gerecht zu werden, mehr Aggressionen einsetzen als die Frauen, so nach dem Motto: Jetzt erst recht. Denen werd' ich es zeigen.
Der Spruch »Was Hänschen nicht lernt, lernt Hans nimmermehr« trifft nur dann zu, wenn einer sein Leben lang verschlossen bleibt für Neues, also auf Altbewährtes zurückgreift, in die Bequemlichkeit verfällt und seine grauen Zellen selten aktiviert. Chronische Fernsehkonsumenten, die ihren Hintern kaum noch hochbekommen, verkümmern körperlich und geistig viel häufiger. Hingegen denken soziale Menschen viel länger, ebenso Leute mit Hobbies oder Ehrenämtern. Wer keine Lebensaufgabe hat und sich nicht herausfordert, wird keine neuen Dendriten, das sind astartige Fortsetzungen der Nervenzellen, bilden.

Auswirkungen von Vorurteilen

»Du isst wie ein Bauer«, tadelte die Mutter ihr Kind. »Und setz dich richtig hin, man könnte meinen, du wärst Kanalarbeiter.« Solche Sätze bleiben haften und stellen den Bauer oder Kanalarbeiter als einen derben, unzivilisierten Menschen hin. Unbedacht werden sie geäußert, unbewusst übernommen und unsensibel weitergegeben.
Erst die nötige Scham ermöglicht eine Korrektur dieser fatalen Denkweisen. In der Werbung werden positive Vorurteile bewusst aufgebaut, um zum Kauf anzuregen. Aber nicht nur Produkte haben ein Image, sondern auch Menschen. Da kann sogar der

Name seine Wirkung zeigen. Für wie attraktiv halten Sie Hubert, Lotte, Albert, Horst und Maria-Theresia? Was läuft in Ihrem Kopf ab, wenn sich am Telefon jemand Jamal, Ferhat, Lars oder Mercedes nennt?
Der Sozialpsychologe Udo Rudolph von der Technischen Universität Chemnitz befasste sich mit der Wirkung von Namen bei Bewerbungen. Dabei kam Anna gut weg, Horst nicht. Und sobald ausländische Namen zu lesen waren, hagelte es Absagen. Deshalb sollten sich Eltern gut überlegen, welchen Namen sie ihrem Kind geben wollen. Pumuckl (der Kobold aus der TV-Serie) und Fujur (der fliegende Drache aus Momo) könnten sich als ungünstig erweisen. Weil Vorurteile eine starke emotionale Tönung haben, lösen sie Abscheu, Angst oder Ekel aus. Und das macht das Vorurteil so bombenfest. Sie haben nichts gegen Schwarze? Gut. Dann fühlen Sie mal nach, wie es wäre, wenn morgen Ihre Tochter mit einem schwarzen Freund daherkommt. Sie haben kein Problem mit Ausländern? Prima. Dann können Sie sicher auch Ihre Wohnung an ausländische Mieter abgeben.
Falsche Meinungen sitzen subtil fest. Wie subtil, das hat John Bargh von der Yale University nachgewiesen in einem ganz simplen Versuch: Er ließ seine Versuchspersonen klischeehafte Sätze über alte Menschen lesen, etwa: »Alte Menschen haben graue Haare.« Das bloße Lesen führte bereits zu einer Veränderung im Verhalten der Versuchspersonen: Sie gingen danach langsamer in Richtung Aufzug.*

* Süddeutsche Zeitung Nr 81 vom 7.4.2009, S.16

Ich erfahre regelmäßig, dass Menschen mir gegenüber mit Klischees kommen. Da herrscht die Meinung, Psychologen hätten den vollen Durchblick, die Therapie bei einem Priester koste nichts, der Ordensmann hinter den Klostermauern sei in seiner Freiheit erheblich eingeschränkt und überhaupt ein ganz armes Schwein. Aber auch diese Meinungen bekomme ich zu hören: Sie als Allroundkünstler schaffen das doch spielend. Gibt es etwas, das Sie nicht können?
Alles, was sich hartnäckig an Urteilen bildet, wird gespeichert und nach Bedarf abgerufen. Was lange gespeichert bleibt und immer wieder aktiviert wird, hinterlässt »Fahrrinnen« im Gehirn, so dass falsche Meinungen nur aufgeweicht werden können durch neues Lernen.
Eigentlich ist der Mensch darauf angelegt, zu lernen und Erfahrungen zu verarbeiten. Wem aber selbst negative Vorurteile entgegengebracht werden, ist blockiert. Einer meiner Freunde ist ein dunkelhäutiger Türke. Er ist hochintelligent, sehr kontaktfreudig und spricht ein völlig akzentfreies Deutsch. Und dennoch: Weil er immer wieder Ablehnungen aufgrund seiner Hautfarbe oder Nationalität erfährt, tut er sich schwer, ohne Hilfe eine Wohnung zu suchen. Er rechnet mit Absagen und verzichtet auf jede Form von Verhandlung.
Wenn man Studentinnen vor einer Mathematikprüfung sagt, dass Frauen mathematisch weniger begabt seien als Männer, verschlechtert schon dieser Hinweis ihre Leistungen erheblich. Setzen Sie jedem abwertenden Gedanken einen aufwertenden entgegen; löschen Sie alte, falsche und destruktive Mei-

nungen (auch die über sich selbst), indem Sie ab sofort das Goldkörnchen im Schmutz entdecken: »Ich bin okay, du bist okay. Ich erreiche mein Ziel fest und entschlossen. Ängste, Zweifel gleichgültig. Ich schaffe es.«

4. Selbstvertrauen wirkt auf den Hormonspiegel

Die Botenstoffe unserer Drüsenzellen werden ausgeschüttet, wenn bestimmte Situationen eintreten. So mobilisiert ein plötzliches Geräusch im Wald unsere Adrenalinausschüttung, die den Kreislauf auf Trab bringen soll und Alarm auslöst. Das soll uns zur Flucht oder zum Angriff stimulieren. Treffen sich die Blicke zweier Menschen, die sich sympathisch sind, entsendet die Nervenzelle Oxytocin, das als Liebeshormon bekannt ist; es ist auch das Hormon, das die Wehentätigkeit auslöst und die Mutter-Kind-Beziehung intensiviert.

Endorphine entfalten ihre Wirkung insbesondere im Gehirn und in verschiedenen Körperteilen. Sie wirken stark schmerzstillend und sind an verschiedenen vegetativen Prozessen beteiligt, u. a. Regulation der Körpertemperatur, Steuerung von Antrieb und Verhalten, Hemmung der Darmbeweglichkeit. Sie werden auch als natürliches »Opium« bezeichnet. Endorphine sorgen für ein starkes Glücksgefühl und machen regelrecht »high«. Sie werden auch beim Schaukeln, beim Tanzen, bei rhythmischen Bewegungen ausgeschüttet.

Gerade bei Depressionen hat die Wissenschaft den Einfluss der Hormone recht gut belegen können und herausgefunden, dass in vielen Fällen der Serotoninhaushalt (ein Hormon, das unter anderem Einfluss auf unsere Stimmung hat) im Gehirn gestört ist. Durch Medikamente, die den Serotoninspiegel erhöhen, ist man heute in der Lage, vielen Menschen zu helfen, die die Macht der Hormone durch ständige Niedergeschlagenheit an sich selbst erfahren müssen. In vielen Fällen muss es aber erst gar nicht so weit kommen, denn man kann die Hormone auch auf natürliche Art beeinflussen. Wer leicht in Stress gerät, kann sich meist mit vorbeugenden Maßnahmen helfen. Dazu gehören ausreichend Schlaf, tägliche Bewegung, ausgewogene, gesunde Ernährung, aber auch Entspannungstechniken wie Muskelentspannung und Autogenes Training. Auch versöhnte Menschen, die mit sich im Einklang leben, haben die besseren Chancen.

Siegertypen produzieren Serotonin. Ein bisschen davon ist in der Schokolade enthalten, sodass der maßvolle Genuss einer hochprozentigen Tafel Schokolade (70% Kakao-Anteil) durchaus glücklich stimmen kann.

Professor Gerald Hüther von der Göttinger Universität wies nach, dass ein hoher Serotoninspiegel nicht nur gute Laune macht; er führt auch dazu, dass wir von den Mitmenschen unbewusst als Chef und Führungspersönlichkeit wahrgenommen werden. Zum Glücksempfinden gesellt sich also der Erfolg.*

Es sind die inneren Bilder, die unsere Hormone bestimmen. Was immer wir von uns selber denken und wie wir uns selbst sehen, das entscheidet letztlich, ob wir unser Leben als geglückt oder gescheitert bewerten.

Glücklich fühlen wir uns dann, wenn uns das, was wir tun, sinnvoll erscheint.

Ein chronischer Mangel führt zu Depressionen,

---

* G. Hüther: Die Macht der inneren Bilder. Wie Visionen das Gehirn verändern. Göttingen 2008

Schlafstörungen, Ängsten, Migräneattacken, zu emotionaler Überempfindlichkeit. Bleibt die Frage, ob man dem wachsenden Stress (Zeitdruck, Verlustängste, finanzielle Krisen) Herr werden könnte durch Einnahme von Hormonpillen. Davon wird dringend abgeraten, weil dann der körpereigene Prozeß völlig durcheinandergerät. Wer beispielsweise seine Muskeln mit Hilfe von Anabolika und Steroiden vergrößern will, muss mit Erkankungen der Leber, Prostata und anderer Organe rechnen.

Sport ist das Zauberwort für Glückshormon. Er fördert sogar die Verbindung von rechter und linker Hirnhälfte; er erhöht die Verbindungskabel (Spines), was eine bessere Gedächtnisfunktion zur Folge hat. Nicht zufällig sind erfolgreiche und glückliche Menschen meist auch sportlich aktiv. Und wenn dann noch die Ernährung stimmt, dürfte der Welteroberung nichts im Wege stehen.

Gut. Ich habe vielleicht etwas übertrieben. Selbstvertrauen ist nicht allein die Summe von Serotonin plus Biokost. Aber eines sollten Sie sich merken: Sie selber haben ihr Leben in der Hand. Sie selbst entscheiden über Ihre Befindlichkeit. Und wenn nichts mehr geht, sollten Sie wissen, dass es einen Gott gibt, der Sie liebt und mit Ihnen rechnet.

Jetzt mögen Sie vielleicht sagen: Ihre Ausführungen in Ehren! Aber wie bekomme ich die nötige Willensstärke, diese Wege zu gehen, also eine gesunde Ernährung konsequent durchzuhalten, regelmäßig Sport zu treiben, trotz aller Widrigkeiten nicht zu verzagen usw.?

Es gibt ein einfaches Rezept: Setzen Sie sich Tagesziele und nehmen Sie sich nur für den heutigen Tag etwas vor. Schreiben Sie auf, was Sie heute erledigen wollen und nehmen Sie sich fest vor, das auch zu tun. Vermeiden Sie innere Diskussionen über den Sinn der Sache oder über eine mögliche Verschiebung, weil ja anderes noch soooo wichtig ist. Der Gedanke »Ich mach das jetzt« soll Sie dabei begleiten. Sie werden sich nach getaner Arbeit besser fühlen. Das Hinausschieben von ungeliebten, aber notwendigen Arbeiten erzeugt Stress und keineswegs Erleichterung; denn nicht ein Zuviel an Arbeit belastet, sondern das Zuviel an aufgeschobener Arbeit. Ihre Stimmung (und damit auch das Glückshormon) geht in den Keller, wenn Sie der Trägheit nachgeben und nichts von sich abverlangen. Denn Glück ist eine Überwindungsprämie.

Kranke gesunden durch reine Einbildung

Die Sache mit dem Placeboeffekt ist ja nicht neu. Placebo ist ein Scheinmedikament. Neu ist aber die Erkenntnis, dass ein reines Wunschdenken oder eine starke Erwartungshaltung messbare und sichtbare Veränderungen im Gehirn erzeugen. Wenn jemand aufgrund der Information, dieses oder jenes Medikament nehme den Schmerz, tatsächlich schmerzfrei wird, lässt sich mit Hilfe der Magnetresonanztomografie eine veränderte Aktivität in den schmerzsensiblen Hirnregionen feststellen.
Immer mehr Ärzte und Psychotherapeuten verschreiben ihren Patienten chemisch völlig nutzlose Scheinpillen, um sowohl deren Geldbeutel zu schonen als auch eine weitere Gefährdung durch die

üblichen Nebenwirkungen zu vermeiden. Der Hinweis, man möge doch nur zwei Tabletten täglich nehmen, weil »dieses neuartige Produkt eine rasche und anhaltende Wirkung zeigt«, garantiert schon den halben Erfolg. Das ist eine Lüge im Dienst der Heilung. So haben sich bei einem Test 71 % der Patienten mit Reizdarmsyndrom nach drei Wochen spürbar besser gefühlt. Was aber geschieht bei diesem chemisch reinen Heilungsvorgang?

Es besteht Verdacht, dass der Körper aufgrund einer intensiven Erwartungshaltung eigene Opiate ausschüttet, die den Schmerz dämpfen und die Stimmung heben. Verabreicht man nämlich diesen Patienten den Wirkstoff Naloxon, der die Wirkung von Opiaten nimmt, schwindet der Placeboeffekt und der Schmerz kommt wieder.

»Man muss nur daran glauben«, sagte mein Apotheker scherzend, als ich ihn fragte, ob denn dieses homöopathische Mittel wirklich helfe. In der Tat: der Glaube halbiert das Leid und verdoppelt die Chancen. Leider aber wirkt nicht bei allen Menschen der Placeboeffekt, weil ihre Zweifel den Erfolg sabotieren. Sie werden weiterhin auf die Chemie angewiesen bleiben.

Dass also auch Gedanken, Wünsche, Hoffnungen indirekt auf unsere Organe einwirken, ist in dieser Deutlichkeit eine neue Erfahrung. »Das bildet der sich doch nur ein«, sagen wir gelegentlich abwertend. Seit neuem aber wissen wir, dass auch Einbildungen im Organismus etwas bilden können. Deshalb spielt unsere innere Haltung und geistige Einstellung bei der Heilung eine große Rolle. Wer etwa die Akupunktur ablehnt, zeigt weniger Erfolg als der Anhänger chinesischer Medizin. Der Glaube versetzt eben Berge, und dabei muss dieser Glaube gar nichts mit Religion zu tun haben.*

Molières eingebildeter Kranke hat noch Glück gehabt. Er war nicht körperlich, aber wohl seelisch krank: Hypochondrie nennt man diese Angst vor Krankheiten, die meint, eben jenes Wehwehchen zu haben, von dem man gerade hört oder liest. Wenn es möglich ist, gesund zu werden aufgrund der starken Erwartung, dann ist es auch möglich, organisch zu erkranken, wenn man es nur lang und intensiv genug befürchtet. Wäre es um unseren Glauben und um unser Selbstvertrauen besser bestellt, vor allem auch um unser Gottvertrauen, dann stünden wir besser und die Pharmaindustrie schlechter da.

Manche Krankenheilungen in Lourdes oder an anderen spirituellen Stätten erscheinen nun in einem anderen Licht. Damit ist aber das, was wir Wunder nennen, nicht vom Tisch. Denn viele Heilungen waren nicht erwartet oder erbeten worden. Es gibt Berichte, in denen die Menschen völlig überrascht wurden von ihrer Genesung, darunter befanden sich sogar Ungläubige und Zweifler. Des weiteren unterscheiden sich Wunderheilungen von Placeboheilungen in der Plötzlichkeit, mit der die Veränderung eintritt. Und es gibt genug ärztlich attestierte Heilungen, die auch nicht durch reine Erwartungshaltung hätten eintreten können: Organisch Blinde werden sehend, MS-Patienten im letzten Stadium können wieder gehen, inoperable, metastasierte

---

* Vgl. hierzu die Berichte in Psychologie heute vom Juni 2005 (B. Wagner: Der Wirkstoff Erwartung) und September 2005 (TSA: Schmerz entsteht im Gehirn)

Krebskranke sind völlig gesund u.a. Gott ist also doch nicht gänzlich überflüssig.
Jesus sprach häufig in Bildern. Sie überzeugen mehr als Worte. Denn nur jene Worte, die Bilder auslösen oder bildhaft ausgedrückt werden, wirken nachhaltig. Das weiß die Werbung. Unsere Speicheldrüsen fangen sofort an zu arbeiten, wenn die Speisekarte Bilder von den angebotenen Gerichten enthält. Und welche Bilder sexuell stimulieren, ist bekannt. Erinnern Sie sich: Ich benutzte bei der Bekämpfung meines Stotterns das Bild von der geöffneten Schranke. Allerdings gibt es auch eine problematische Grauzone innerhalb der »Einbildung«: Sie kann zur Erinnerung werden. Und das ist bei Zeugenaussagen vor Gericht eine fatale Sache. Da gab es einen interessanten Versuch: Personen sollten unübliche Dinge tun, z.B. Münzen werfen und danach ein Schokoladenherz mit einem Zahnseidenbehälter zerdrücken. Anschließend sollten sie sich irgendeine verrückte Tätigkeit vorstellen. Wochen später befragte man sie, was sie früher gemacht hätten. Ein Fünftel der Befragten waren der Meinung, dass sie die eingebildeten verrückten Tätigkeiten wirklich getan hatten. Was sie sich nur vorgestellt hatten, erschien ihnen jetzt als Tatsache.*
Peter beobachtet, wie ein Radfahrer stürzt. Kurz darauf hört er das Signalhorn eines Rettungswagens. Zu Hause erzählt er nun, dass ein Radfahrer gestürzt sei und vom Sanitätswagen ins Krankenhaus gebracht wurde. In Wahrheit aber wurde der Rettungswagen zu einem anderen Unfall gerufen;

---

* Markus Kill: Die Kraft der Einbildung. In: Münchner Merkur 27.1.09

denn der Radfahrer stand wieder auf und fuhr weiter. Peter koppelte beim Ertönen der Sirene das Bild vom Radfahrer mit dem Bild vom Rettungswagen und wurde Opfer seiner eigenen Phantasie. Wenn er nun vor Gericht als Zeuge so etwas sagt, lügt er nicht. Er irrt sich nur. Das gilt auch für die in einer Hypnose gewonnenen Aussagen; sie sind nicht rechtsverbindlich, allenfalls Indizien. Da kann man nur ahnen, wie viel Justizirrtümer durch die Gerichtsakten geistern.

Besonders schlimm sind phantasierte Anklagen von pubertierenden Kindern gegen Lehrer oder Priester, denen sie sexuelle Handlungen vorwerfen. Neben berechtigten Anklagen stehen auch Wunschdenken oder Racheabsichten. Die pseudologia phantastica ist ein in der Kinderpsychiatrie bekanntes Phänomen: Ein Mädchen hat sich in einen Lehrer verliebt und steigert sich in erotische Phantasien hinein, bis es am Ende diese Bilder für real hält. So kann das Wunschdenken anderer das Leben Unbeteiligter erheblich beeinflussen.

Mein Vorschlag: Setzen Sie Ihre Phantasien und Bilder zum Gelingen Ihres Lebens ein. Hören Sie auf, sich als graues Entlein oder als Versager zu betrachten! Machen Sie es wie Susan Boyle und der Mundharmonikaspieler Michael Hirte, die selbstbewusst zu Ihrem wenig attraktiven Äußeren stehen und eben dadurch die Herzen vieler Zuschauer eroberten.

Wer sich erniedrigt, wird erhöht

Die Aussage Jesu von der Erhöhung dessen, der sich selbst erniedrigt (Matth 18,4), wird oft falsch verstanden. Selbsterniedrigung heißt nicht: sich schlecht machen oder seine Gaben verstecken. Es bedeutet Bescheidenheit, auch ein Zurücktreten zu Gunsten schwacher Menschen, die auch einmal zum Zug kommen möchten. In dieser Weise vermag nur der sich klein zu machen, der um seine Größe weiß. Bescheidenheit ist auch bei Bewerbern angesagt; denn großtuerisches Auftreten nach dem Motto »Jetzt komme ich«, auch zuviel Selbstbewusstsein, sind fehl am Platz.

So haben Bewerbungsschreiben mit einer zu großen, ausladenden Unterschrift, die sich gar noch selber unterstreicht, schlechte Karten. Dies mag zwar auf einen stabilen und selbstbewussten Charakter hinweisen, aber jede Seite hat auch eine Rückseite. Und dann verrät diese Schrift möglicherweise angeberisches Auftreten, Tendenzen zur Einmischung und vieles mehr.

Wer zuhören kann, sein eigenes Mitteilungsbedürfnis zurückhält, hat den Joker. Wer auf das Mitgeteilte eingeht und dem anderen das Gefühl gibt, »du bist wichtig«, öffnet die Herzen. Wir alle empfinden das bescheidene Auftreten von Stars als wohltuend. Ich habe Pierre Brice, den Winnetou-Darsteller, einmal in einer Talkshow erlebt; er wirkte geradezu leicht unbeholfen, was ihn so menschlich und sympathisch machte. Als Psychologe weiß ich um die Gefahr, Unsicherheit hinter einer Maske von gespielter, übertriebener Sicherheit zu verbergen. Es ist gefährlich, sich betont anders zu geben als man ist. Das gilt auch für das äußere Erscheinungsbild, für das modische Outfit, in dem sich einer zeigt. Zuviel wirkt aufgesetzt, unecht, abstoßend. Und dabei hoffen solche Typen, gerade durch dieses optische Moment gut »anzukommen«.

Hüten Sie sich auch vor allzu häufiger Selbstkritik. Ein Geschöpf Gottes macht sich nicht schlecht, das besorgen die Nachbarn schon. Wer sich zu stark herausputzt, ist ebenso gefährdet wie der, der sich dauernd herunterputzt. Sicher, wenn ich mich selber kritisiere, nehme ich meinen Gegnern und potentiellen Kritikern den Wind aus den Segeln. Das tut nicht so weh, aber klug ist es keineswegs; denn meine Mitmenschen bekommen so den Eindruck, als halte ich nicht viel von mir. Das mag mir zwar ein paar trostreiche Aufmunterungen einbringen, aber es könnte auch heißen: Stell mir keine zu hohen Anforderungen, ich schaffe es ja sowieso nicht. Du hast ja gerade gehört, wie trottelig ich sein kann. Andererseits sind wir schnell bereit, uns selbst zu tadeln in der Hoffnung, dass niemand einstimmt, meinte schon Marie von Ebner-Eschenbach. Wenn die Erkenntnis eigener Schwächen zur Verbesserung anspornt und keineswegs zur Resignation, dann bekommt der Satz Jesu noch einmal eine andere Sichtweise. Dann wird dem reuigen Sünder und dem, der für sich selbst keine Ehre beansprucht, die Tür geöffnet, die Ehre geschenkt und der Platz am Kopfende des Tisches zugewiesen.

Kinder sind noch unbefangen und authentisch, das heißt sie sind stolz auf ihr Können und wollen dafür Anerkennung. Das ist völlig in Ordnung. »Schau mal, Papa, was ich gemalt habe«, ruft das Kind. Lob ist angebracht. Wenn nun Erwachsene ein Kind zu wenig loben, kann es verkümmern. Oder es wird angeberisch und sucht auf diese Weise an die Lorbeeren zu kommen. Wenn es zu viel gelobt wird, kann dieses inflationäre Lobhudeln die Mühe des Kindes entwerten; es wird sich kaum noch anstrengen, weil Lob so leicht zu bekommen ist. Diese Verwöhnung führt zu Bequemlichkeit und hohen Ansprüchen.

In unzähligen Versuchen haben Pädagogen und Psychologen herausgefunden, dass nur jene Kinder tüchtige, erfolgreiche Erwachsene werden, die frühzeitig zu eigenen Leistungen angespornt wurden, wobei die gestellten Aufgaben stets ein klein wenig über das zuletzt erreichte Niveau hinausgingen. Auf diese Weise fand eine echte Herausforderung statt. Wenn Kinder gemeinsam Aufgaben lösten und sich gegenseitig halfen, wurden sie belohnt. Dadurch verstärkte sich wiederum die Tendenz zur Gruppenarbeit. Die Folgen waren eine besser entwickelte kognitive, emotionale und soziale Intelligenz. Dies sind die Bedingungen für ein gelingendes Leben, für eine erfolgreiche Partnerschaft und eine intakte Einbindung in Gemeinschaften. Konkurrenzdenken mag beflügeln, aber auch lähmen, je nach Motivation und Ausprägung des Ehrgeizes. Unser heutiges Schulsystem krankt immer noch auf weiten Strecken an einer ausgewogenen Mischung von Praxis und Theorie, von Einzel- und Teamarbeit, von kognitiven und sozialen Lernzielen. Ja, ich behaupte, dass dieses dreistufige Schulsystem, das nur wir Deutsche haben, und dieser fürchterliche Notenschlüssel erhebliche Schuld am Versagen der klügsten Kinder haben.

Ich wage zu behaupten, dass unter anderem die gravierenden Mängel im Bildungsbereich Mitschuld tragen an dem Desaster unserer Wirtschaft. Am 5. Mai 2009 verlieh Bundespräsident Köhler der Hauptschule in Neustadt am Rübenberge (Niedersachsen) einen Preis, weil hier die Schüler neben den üblichen theoretischen Unterrichtsstunden zweimal wöchentlich ein erfolgreiches Berufspraktikum absolvieren. Zwei Drittel der Schüler erhalten sofort einen Arbeitsplatz, während landesweit gerade mal 50% eine Lehrstelle bekommen. Na also, es geht doch.

5. Der emotionale Kompass in der Erziehung

Sie brauchen im Jahr nur zweimal einem Kind zu sagen: »Ins Grab bringst du mich noch« oder »Aus dir wird nie etwas«, und die Quittung wird Ihnen sehr bald geliefert: Blockaden, Wut, Schuldgefühle. Weder Verbote, noch gelegentliche emotionale Wutausbrüche sind das Problem im Umgang mit Kindern, sondern die immer wieder eingestreuten, manchmal verschlüsselten Schuldzuweisungen. »Mach du nur so weiter...« bedeutet: Mach bitte nicht so weiter. Und »Ins Grab bringst du mich noch...« heißt: Wenn ich mal sterbe, trägst du daran eine Mitschuld.

Längst weiß man, dass die üblichen Erziehungsfehler wie Inkonsequenz (heute so und morgen anders) oder Gefühlsausbrüche nicht so weitreichende Folgen haben wie die Erzwingung von Unterordnung durch Schuldzuweisung oder wie abwertende Worte. Diese Kapitalfehler führen zu einem gestörten Selbstbewusstsein. Was die Menschwerdung unnötig schwer macht, sind vor allem die frühen Fehler, die in der ersten Trotzphase des Kindes gemacht werden. Da ist so manche Mutter verführt, in ihrer Hilflosigkeit, die sie ja selber in der eigenen Erziehung gelernt hat, zwei typische Fehler zu machen: Entweder schreit sie das Kind an oder sie will es in dieser Phase des Trotzens trösten. Zorn aber braucht Raum; muss ausgehalten werden. Konflikte sind kein Unfall, den man vermeiden muss, sondern wichtige Lernräume für die Selbstbehauptung. Und wenn sie den Zorn »tröstet«, dann nimmt sie ihn nicht ernst, will ihn wegstreicheln. Doch sehr früh schon wird der Grundstein gelegt für die spätere Fähigkeit, sich durchzusetzen, auch einmal nein zu sagen (was auffallend viele Menschen kaum können) und nicht alles zu schlucken, was einem so an Gedankengut serviert wird.

Brave Kinder sind zunächst pflegeleicht und angenehm. Doch Vorsicht: wo Trotzphasen fehlen, wo sich kaum Widerstand zeigt, sollten die Alarmglocken läuten. Wer so angepasst lebt, vollzieht wohl kaum die nötige Abnabelung vom Elternhaus. Außerdem legt sich der Verdacht auf, dass hier angstvoll Konflikte umgangen werden sollen, die gelöst werden möchten. Konfrontation, Widerstand, Selbstbehauptung, Eigenwille und Originalität bleiben auf der Strecke; eine wirkliche Menschwerdung findet nicht statt.

Wenn erwachsene Menschen bei Verbrechen wegschauen, wenn sie sich nicht gegen Unrecht aufbäumen und auch Mitmenschen zu Hilfe eilen, denen Unrecht geschieht, dann kann man in etwa ahnen, wo die Ursachen dieser fehlenden Zivilcourage zu suchen sind.

Kindheit und Jugend haben Höhen und Tiefen; wer sie durchlebt – mit der Rückendeckung der Erwachsenen –, erreicht später mehr im Leben.

Die Eltern geben die Richtung vor, indem sie ihr eigenes Verhalten zum Maßstab für die Kinder machen. Kinder schauen ab, wie ihre Eltern streiten, wie sich versöhnen, wie sie auf Konflikte reagieren, wie sie miteinander reden oder schweigen, wie sie mit den Medien umgehen – und mit sich selbst.

Wer feststellt, dass er trotz aller Anstrengungen

nichts erreichen kann, wird resignieren. Diese Hilflosigkeit, die auch Erzieher spüren, hat ihren Ursprung in der gelernten Ohnmacht.

Wie immer in der Psychologie hat man erst einmal mit Hunden experimentiert, um herauszufinden, weshalb die einen nach einem leichten elektrischen Schlag (es ist kein E-Schock, der weh tut, sondern ein leichter Schlag, den wir alle von statischen Entladungen an der Türklinke kennen) sofort weglaufen und die anderen einfach liegen bleiben. Jene Hunde, die trotz des Schlags in ihrer Position verharrten, haben diese Ohnmacht »gelernt«. Dabei wurde ihnen in einem Vorversuch das Weglaufen nach dem empfangenen Schlag verwehrt. Jetzt, wo sie doch einfach nur wegzulaufen brauchten, wollten sie es nicht mehr. Sie fühlten sich völlig hilflos. Auch bei Goldfischen und anderen Tieren gab es dieselben Reaktionen.

Halten wir fest: Kinder, die oft genug erfahren müssen, dass ihre Anstrengungen umsonst sind, nicht durch Anerkennung belohnt und verstärkt werden, flüchten in die Passivität.

Beim Menschen kommt noch ein Phänomen hinzu: Er neigt dazu, einmal gemachte Erfahrungen zu generalisieren, also auf andere Bereiche zu übertragen. Wurde sein Vertrauen von den Eltern wiederholt missbraucht (z.B. schnüffelte ein Elternteil im Tagebuch oder im Handy des Kindes herum), wird er im schlimmsten Fall sein Misstrauen auf den ganzen Bekanntenkreis ausdehnen, alles abschließen, seine privaten Sorgen nicht mehr anvertrauen. Solche Wunden sind hartnäckig und fordern viel Geduld und Vertrauensbeweise, bis sie verheilen.

Wo immer Kinder unabhängig von ihrem Verhalten belohnt oder auch beschimpft werden, tritt ebenfalls eine Hilflosigkeit ein; es handelt sich um einen inkonsistenten Erziehungsstil, bei dem sich Lob und Tadel nicht so sehr auf das Verhalten des Kindes beziehen, sondern lediglich Ausdruck der momentanen elterlichen Befindlichkeit sind. Dasselbe erlebt man ja auch bei launischen Chefs, die heute überschwänglich den Mitarbeiter loben und morgen anschnauzen, weil die Putzfrau eine Akte verlegt hat. Irgendwann reagieren die so irritierten Mitarbeiter hilflos: sie machen Dienst nach Vorschrift und wagen keine Eigenentscheidungen mehr. Wenn aus unbotmäßigen Gefühlen heraus überreagiert wird, kann das den anderen in seinem Handlungsspielraum blockieren.

Eltern geben durch ihr Verhalten und durch ihre Selbstdarstellung den Kindern die Richtung vor. Wer stets ermutigt wird, seinen Weg zu gehen, wer Grenzen und Verbote sachgerecht erfährt und seinen Ärger angemessen zeigen darf, wer im Elternhaus eine Atmosphäre vorfindet, die ihn auffängt besonders dann, wenn einiges schief läuft, hat beste Chancen für ein selbstbewusstes Leben.

Wenn die Familie sprachlos ist

Das in Bergisch-Gladbach geborene Model Heidi Klum betonte in einem TV-Gespräch, dass ihre Kinder Johan, Henry und Leni während der ersten fünf Jahre auf keinen Fall fernsehen dürfen. Das Gerät ist weggesperrt. Außerdem erziehe sie ihre Kinder

zur Pünktlichkeit (Bettgang um halb acht) und zum Aufessen, »was auf den Tisch kommt«. Sie ist überzeugt von der Richtigkeit jener Erziehung, die sie selber genossen hat. Und ich bin überzeugt davon, dass sie Recht hat.
Galt früher eine eher autoritäre Erziehung, habe ich den Eindruck, dass heute das Gegenteil herrscht, mindestens scheint es, als ob Eltern und Erzieher nicht mehr wissen, wie es geht.
Schuld daran sind viele Umstände: Beide Elternteile gehen einem Beruf nach und sind somit für ihre Kinder nur begrenzt verfügbar; die wirtschaftliche Lage erzwingt von dem Bürger Sparmaßnahmen, die durch die permanente Steuererhöhung und Preisinflation sabotiert werden; die Anforderungen in Schule und Beruf sind enorm gewachsen; Egoismus, Narzissmus und Hedonismus haben zugenommen. Das schafft Stress und Unzufriedenheit. Ein Zurückschalten der Ansprüche ist unbeliebt, wäre aber *eine* Bedingung für ein bisschen mehr Zufriedenheit. Der Karren scheint festgefahren zu sein. Und die Jugend spiegelt nun wider, was Jahre zuvor falsch gemacht wurde. »Nach verschiedenen Untersuchungen werden heute zwischen 20 und 25% aller Kindergarten- und Schulkinder als verhaltensauffällig oder psychisch gestört eingestuft; mindestens 5% sind behandlungsbedürftig. Auffälliges Verhalten ist festzustellen: im körperlichen Bereich (zum Beispiel Eß- und Schlafstörungen, Nägelkauen), im psychischen (Ängstlichkeit, Phobien, Depressionen usw.), im sozialen (zum Beispiel Aggressivität, Kontaktprobleme) oder im Arbeits- und Leistungsbereich (Lern- und Konzentrationsstörungen, Schulversagen

usw.). Bei Jugendlichen können auch Gewalttätigkeit, Zerstörungswut, Alkoholmissbrauch, Drogensucht, die Mitgliedschaft in Jugendsekten oder Abweichungen im Sexualverhalten zum Problem werden. Ferner sind vielfach extrem passive, sehr schüchterne oder übermäßig konformistische Kinder hilfsbedürftig – was oft nicht erkannt wird, da solche Symptome nicht die Aufmerksamkeit von Erwachsenen auf sich lenken.

Viele Kinder erlernen auffällige Verhaltensweisen in ihren Familien, indem sie andere Mitglieder unbewusst nachahmen. Häufig versuchen sie auch, durch derartige Reaktionen die Aufmerksamkeit der anderen auf sich zu ziehen – insbesondere wenn ihnen dieses durch ein sozial akzeptiertes Verhalten nicht gelingt, wenn sie also zum Beispiel vernachlässigt werden oder aufgrund von extrem hohen Erwartungen nur selten ein Lob erhalten. Die Reaktionen der anderen Familienmitglieder, egal ob es sich dabei um Strafen, Verärgerung, Angst oder Sorge handelt, werden dann als Selbstbestätigung und Zeichen von Anteilnahme und Interesse gedeutet. Sie wirken also als positive Verstärker, erhöhen die Wahrscheinlichkeit des Auftretens dieser Verhaltensauffälligkeiten und führen zu ihrer Verfestigung. Schließlich verhalten sich die Kinder auch außerhalb der Familie auffällig – insbesondere wenn dort ihr Verhalten ebenfalls positiv verstärkt wird, sie sich also zum Beispiel aufgrund ihrer Aggressivität eine führende Position in der Schulklasse erkämpfen können und von ihren Mitschülern bewundert werden.« *

---

* Martin R. Textor: Familien mit verhaltensauffälligen Kindern und Jugendlichen. Online-Handbuch www.kindergartenpädagogik.de

Das sind Worte eines erfahrenen Mannes. Dr. Martin R.Textor ist Pädagoge, Psychologe und Soziologe (Universität Bamberg, Bayerisches Staatsministerium und derzeit für wissenschaftliche Weiterbildung beurlaubt). Er beschreibt hier in wesentlichen Stichworten, was uns allen Schmerzen bereitet. Mit der modernen Digitaltechnik kommen auch neue Probleme: Internetsucht, Handyabhängigkeit, Happy-Slapping (Gewaltvideos auf Handy), Gehörstörungen durch I-Pods (tragbare Musikspielgeräte). Die zunehmenden Patchwork-Familien (Väter und Mütter leben mit wechselnden Partnern) belasten die Kinder in ungeheurem Maß: So entwickeln manche Kinder Symptome, um die Ehe ihrer Eltern zu retten. Sie machen die Eltern schuldig und ziehen die Aufmerksamkeit auf sich, haben so einen sekundären Krankheitsgewinn. Umgekehrt übertragen die Eltern ihre eigenen Defizite auf die Kinder, um aus der Täter-Rolle herauszukommen. Väter fehlen oder sind für die Sorgen der Kinder nicht ansprechbar; Mütter fehlen, weil sie arbeiten müssen oder wollen und überlassen die Kinder fremden Personen. Auf diese Weise kann nie eine wirkliche Elternbindung stattfinden und somit auch keine richtige Abnabelung. Und die Kinderkrippen werden das Problem schon gar nicht lösen, weil zunächst einmal das Kind eine Mutterbeziehung aufbauen muss, ehe es in der Lage ist, soziale Beziehungen zu entwickeln. Frau von der Leyen verwechselt da offenbar einiges.
Das gesellschaftliche Desaster liegt meines Erachtens in der zunehmenden Tendenz zur Unverbindlichkeit, im enormen Zeitdruck und im Wertever-

lust. Was wen bedingt, wäre einmal zu untersuchen. Die Unverbindlichkeit zeigt sich in den wilden Ehen, im Mitgliederschwund aller Parteien und Vereine, in der Aushöhlung rechtskräftiger Verträge, im Fehlen von Verantwortung und Fürsorge. Der Zeitdruck basiert auf dem Gefühl, Wichtiges zu versäumen, den Anschluss zu verpassen und auf der Gier nach mehr Verdienst und Wohlstand. Der Werteverlust ist spürbar auf den religiösen und moralischen Vorgaben. Es kommt längst zu Verkehrungen der Werte: man schämt sich heute der Prüderie und nicht der Zügellosigkeit; man betont das Informationsrecht auf Kosten der Diskretion und verkauft die Gleichgültigkeit im Deckmantel der Toleranz.
Gott sei Dank ist Religion wieder im Kommen. Die Jugend sehnt sich nach spiritueller Orientierung. Bleibt zu hoffen, dass die Kirche diese Chance nutzt. Da können seriöse Stars wie Nina Ruge, Wim Wenders, Pierre Brice, der Fußballprofi Gerald Asamoah oder Jörg Pilawa, die ihren christlichen Glauben bekennen und ihn für eine wesentliche Voraussetzung zur Lebensgestaltung halten, gute Vorbilder sein.

Wie man Konflikte löst

Ein Bekannter von mir hat zwei Töchter im Alter von 4 und 5 Jahren. Eines Tages wurde ich Zeuge einer Auseinandersetzung zwischen den Kindern. Melanie, die Jüngere, kommt weinend zum Papa und beschwert sich über ihre Schwester:
»Papa, die Sandra hat meine Puppe kaputt gemacht.«

»Ihr habt euch gestritten. Und warum?« fragt Papa.
»Sie hat mich geschlagen...«
»Das ist nicht gut. Aber warum habt ihr Streit gehabt, Melanie?« hakt Papa nach.
Sandra kommt aus ihrem Zimmer gelaufen und mischt sich in das Gespräch ein: »Sie hat mir meine Holzpyramide umgeworfen.«
Papa: »Und dann hast du Melanies Puppe kaputt gemacht?«
Sandra: »Sie ist immer sofort wütend, wenn sie mal nicht kriegt, was sie will.«
Papa: »Aha, was wollte sie denn?«
Melanie: »Ich wollte doch nur spielen und bin dabei gegen den Turm gestoßen...«
Papa: »Nun gut. Ich denke, wir lösen das Problem anders. Ihr geht jetzt beide in euer Zimmer und überlegt euch, wie ihr das gutmachen könnt. Wenn ihr es wisst, kommt ihr zu mir. Okay? Ab, marsch ins Zimmer!«
Nach kurzer Zeit tritt Sandra aus ihrem Zimmer, ihre eigene Puppe in der Hand: »Papa, die Melanie kann meine Puppe haben.«
»Hm. Gut.« Und dann in Richtung Melanies Zimmer: »Melanie, kommst du mal! Deine Schwester will dir ihre Puppe geben. Bist du damit einverstanden?«
Melanies Tür öffnet sich langsam und sie kommt heraus. »Sie kann die Puppe behalten. Ich will sie nicht.«
»Gut, wenn du meinst. Und wie soll es weitergehen?«
Melanie: »Ich bau den Turm von Sandra wieder auf.«
Papa: »Das ist eine gute Idee. Sandra wird dir dabei

helfen, nicht wahr, Sandra? – Und Papa wird derweil die Puppe reparieren. Ist das so okay für euch?«
»Jaaaa« murmelten beide.
»Dann gebt euch die Hand und vertragt euch wieder.«

Ich war beeindruckt, wie der Vater den Konflikt zu lösen versuchte. Ohne Geschrei und ohne strafende Maßnahmen verhalf er den Kindern, selber Vorschläge anzubieten und ihre eigenen Ideen einzubringen. Die Kinder fühlten sich ernst genommen und konnten so rasch aus ihrer Schmollecke herauskommen. Ich habe noch viele Male erlebt, wie diese Familie miteinander umging, und es hat mich nicht überrascht, dass die Kinder ein angstfreies, sehr eigenständiges Selbstbewusstsein entwickelten.
Bei unseren täglichen verbalen Auseinandersetzungen kommt es sehr darauf an, wie wir im ersten Augenblick reagieren. Der erste Satz, den wir sprechen, gibt die Richtung und die Qualität des Streitgesprächs vor. Ist dieser Satz aggressiv oder beleidigend, haben wir verloren.
Ihr Nachbar ruft Sie an und schreit ins Telefon: »Also ich finde es unglaublich, dass Sie in der Mittagspause mit Ihrem Rasenmäher die ganze Nachbarschaft aufwecken. Wissen Sie nicht, dass bis 14 Uhr per Gesetz Ruhe zu sein hat?«
Jetzt gibt es nur eins zu tun: tief ausatmen, ruhig bleiben und den Ärger des Nachbarn ernst nehmen: »Entschuldigen Sie bitte, Herr Schmitt, es tut mir leid. Sie haben völlig Recht. Ich habe das ganz vergessen. Das war nicht richtig.«

Was glauben Sie, wie schnell sich Herr Schmitt beruhigt und sich möglicherweise auch noch entschuldigt für seine Überreaktion. So können Sie beide den restlichen Tag wieder in Frieden leben.
Sie stehen schon lange an der Kasse des Kaufhofes an. Ihre Beine schmerzen, die Zeit läuft Ihnen weg. Da drängelt sich eine Frau frech vor Ihnen in die Reihe ein. Alle sind verärgert, keiner sagt etwas. Sie finden das unverschämt. Wie werden Sie reagieren?
Möglichkeit A: »Was erlauben Sie sich eigentlich? Stellen Sie sich gefälligst hinten an!«
Möglichkeit B: »Hallo Sie da, so geht das nicht. Wir warten alle schon lange hier. Da können Sie sich nicht einfach vordrängeln.«
Möglichkeit C: »Ich möchte Sie bitten, sich hinten anzustellen. Wenn ich mehr Zeit hätte und keine schmerzenden Füße, würde ich Sie gern vorlassen. Aber so bitte ich Sie, Rücksicht zu nehmen. Danke.«
Mit einer 90%igen Gewissheit wird sich die Frau bei Anwendung C hinten anstellen. Das ergaben Experimente, die Studenten der pädagogischen Hochschule in Hamburg vor einigen Jahren durchführten. Freundliche, sachbezogene Aussagen bewirken mehr. Man sollte sie eben draufhaben.
Die meisten Querelen lassen sich mit ein bisschen Gelassenheit souverän aus der Welt schaffen. So was kann man trainieren, z.B. an Volkshochschulkursen. Wer Humor sein eigen nennt, hat es da besser; denn der Humor nimmt nicht alles so tragisch, vor allem sich selbst nicht. Natürlich gelingt eine faire, lockere Streitkultur nur dann, wenn ich mit mir selber im Reinen bin und nicht Gefahr laufe,

eigene Verwundungen an andere weiterzugeben. Jede emotional gefärbte Bemerkung, die zum Ziel hat, eine Person zu kränken, dient fast ausschließlich der Befreiung von unverarbeiteten eigenen Kränkungen. Deshalb muss keiner sie persönlich nehmen. Dennoch sollte man in einer angemessenen Weise darauf antworten, wobei je nach Lage der Dinge ein passender Deckel angebracht ist. »Sie sind heute nicht gut drauf, scheint mir. Wer hat Sie denn so gekränkt, dass Sie mich angreifen müssen?« – »Ich würde ja gern auf Ihr Problem eingehen; aber nicht auf diesem Niveau.«
Üben Sie ein bisschen mit Ihren Bekannten. Machen Sie mal einige Rollenspiele, in denen Sie typische Alltagsszenen durchspielen. Sie werden erkennen: Nach kurzer Zeit beherrschen Sie die Strategien. Sagen Sie nicht: »Ich kann das nicht, in solchen Situationen bleibt mir die Sprache weg.« Sie können mehr, als Sie sich zutrauen; haben Sie Mut zu Ihren eigenen Energien, die oft verdrängt werden aus Angst, etwas falsch zu machen. Lieber einen Fehler machen als untätig sein; denn nur aus Fehlern lernt man.

6. Manipulation in der Werbung

»Neue Hotelanlage an naturbelassenem Strand, verkehrsgünstig gelegen, mit sauberen, zweckmäßigen Zimmern. Wer Unabhängigkeit und ungezwungene Urlaubsatmosphäre liebt, findet hier das Richtige.« Keine wirtschaftliche Macht setzt Worte und Bilder so gezielt ein wie die Werbeindustrie. Wir alle werden diesen Machenschaften ausgesetzt, ob wir wollen oder nicht. Nur starke Persönlichkeiten mit kritischer Haltung und einer guten Portion Misstrauen können sich der Werbung entziehen. Da sie Lebensgefühle anspricht, Schuldgefühle, Ängste und Sehnsüchte weckt, trifft sie den Menschen am tiefsten. Und sie lügt, dass sich die Balken biegen. Dabei besetzt sie auch Begriffe mit völlig anderen Inhalten. Im Reiseprospekt wird so das schmutzige, algenbesetzte Ufer zum »naturbelassenen Strand«, das im Verkehrslärm liegende Hotel hat »zentrale, verkehrsgünstige Lage« und altes, baufälliges Material im Zimmer wird zur »sauberen, zweckmäßigen Einrichtung«. Und »Unabhängigkeit« bedeutet: Mach dich auf eigene Socken, es gibt keine Sportanlage, nichts. AIDA lautet die Zauberformel. Das Produkt muss erst einmal die Aufmerksamkeit (A) wecken. Dazu werden Verfremdungseffekte eingesetzt, also ungewöhnliche und somit auffallende Worte, Bilder, Musikstücke. Scheinwissenschaftliche Sachinformationen treten hinzu; sie lösen Interesse (I) für das Produkt aus. Es soll den Drang (D) zum Kauf der Ware fördern, bis schließlich die Aktion (A), die Erwerbung des Produkts erfolgt.

So tritt ein Mann im weißen Arztkittel auf (das gaukelt uns Kompetenz vor), der uns erklärt, was alles mit unseren Zähnen passiert, wenn wir sie nicht genug putzen (das große Bild mit den verfaulten Zähnen macht uns Angst); dann zaubert er die Pasta XY aus der Luft (der Name wird ein paar Mal genannt, damit er sich ins Gedächtnis einprägt) und zeigt, wie nach Gebrauch von XY dieselben Zähne wieder superweiß werden. So was weckt Sehnsüchte. Und die sind auch schuld daran, dass wir XY unbedingt haben wollen.

Unser Gehirn saugt täglich hundertfach derartige manipulierte Informationen auf. Damit es nicht überläuft, filtert es die Informationen. Und das geschieht gänzlich unbewusst. Da bleibt sehr vieles hängen, an das wir uns erinnern, sobald dieses Werbebild oder dieser lustige Text irgendwo auftaucht. Wir können also mit Worten und entsprechendem Auftreten andere beeindrucken und beeinflussen. Das hat zum Beispiel der brave Soldat Schwejk ausgenutzt, als er autoritätsgläubige Soldaten und Polizisten durch selbstbewusstes Auftreten in der Uniform narrte, um einer Entrechtung zu entgehen. Der Kaiser hat darüber schallend gelacht, was wiederum seinen Humor bewies.

Tatsächlich bedienen wir uns auch der Täuschungen, um uns zu schützen. Oder wir werden an den Regalen der Lebensmittelgeschäfte an der Nase herumgeführt, indem die etwas teurere Ware in Augenhöhe liegt, während die günstige ganz unten deponiert ist. Und an der Kasse, wo wir länger warten müssen, fällt unser Blick dann noch einmal auf den Süßigkeitsstand, der uns zu weiteren, ungeplanten

Käufen verführt. Selbstverständlich steht die frische Milch hinter der älteren Tüte, und das, was weg muss, bekommt eine Preissenkung. Damit die auch ins Auge fällt, wird ein künstlich hochgesetzter Preis durchgestrichen. So läuft der Laden.

Der Gedanke, wir seien nicht beeinflussbar, ist eine Illusion. Umgekehrt versuchen wir ja auch Einfluss auf andere auszuüben, was mitunter sehr gut gelingt. Ob Sie beim Arzt einen früheren Termin haben wollen, ob Sie um den Preis einer Ware feilschen oder ob Sie Ihren Partner zum Essen gehen überreden, Sie werden um Einfälle und Ausreden nicht verlegen sein.

Wie aber können wir uns Täuschungsversuchen und unerwünschten Einflüsterungen entziehen? Zuerst einmal müssen wir erkennen, wie manipulierbar wir sind, genau gesagt: wo unsere Schwachstellen liegen. Wer übertrieben um seine Gesundheit bemüht ist, wird Opfer medizinischer Werbung und kauft sich im Bioladen und im Drogeriemarkt dusselig. Ich werde in Buchhandlungen und Bastlerbedarfgeschäften schwach, weshalb ich sie bisweilen geflissentlich meide oder ohne Portemonnaie betrete. Dann sollten wir uns bei einem neutralen Berater Auskunft einholen, nicht beim firmeneigenen Vertreter. Es ist Unsinn, sich von jener Bank beraten zu lassen, bei der ich mein Geschäft machen will. Den Bäckermeister fragen, ob denn die Ware auch frisch sei, ist ebenso überflüssig wie den Autohändler zu fragen, ob der Ölwechsel nötig sei. Sie werden beide es bejahen. Und wenn Sie den Konditor danach fragen, welchen Kuchen er empfiehlt, dürfte es sehr wahrscheinlich jener sein, der dringend weg muss.

Uns alle nerven TV-Werbeblöcke, die den Film zerstückeln und uns mehrfach aus der Stimmung reißen. Man müsste als Gegenmaßnahme just jene Produkte *nicht* kaufen, die auf diese Weise den Abend kaputtmachen. Die Zerstückelung des Films hat nämlich bei manchen Dauerfernsehkonsumenten bereits erkennbare Schädigungen ausgelöst: Sie verlieren die Fähigkeit, sich ungestört längere Zeit einer Sache widmen zu können. Die Konzentration reicht nicht mehr aus; nach einer halben Stunde spätestens müssen sie Pausen machen; sie werden nervös und sind nicht imstande, eine beliebige Aufgabe ohne Ablenkung durchzuziehen.
Oberflächlichkeit, rasche Ablenkbarkeit sowie Synchronhandlungen sind die Symptome. Synchronhandlung bedeutet: Sie machen vieles gleichzeitig, weil das Gehirn keine Kapazität mehr besitzt, sich länger als 30 Minuten auf eine einzige Sache zu konzentrieren. Essen, fernsehen, ein Telefonat zwischendurch führen oder eine SMS schreiben, sind typische Parallelhandlungen, die keinerlei geistige Anstrengungen verlangen. Dauerberieselung mit ständig kurzfristig wechselnden Themen und Bildfolgen überfordern unsere grauen Zellen. Insgesamt trägt das Fernsehen mehr zur Verblödung als zur Bildung bei, wenn man es nicht sinnvoll und sehr maßvoll benutzt.

Werbeverhalten und Imponiergehabe

Jedes Tier und jeder Mensch beherrscht Verhaltensweisen, die nur eines zum Ziel haben: einen Partner, eine Partnerin finden. Was als Balzverhalten in der Tierwelt bekannt ist, nennt man bei Menschen Flirt, Anbaggern.

Dabei bedient er sich desselben Codes wie in der industriellen Werbung: AIDA, wobei körperliche Details gezielt eingesetzt werden. Während Frauen bevorzugt auf das Gesamtbild des Mannes schauen und dann erst auf dessen Hände und Schultern-Taillen-Verhältnis, blicken Männer zuerst einmal auf den Busen, auf die Beine und zuletzt auf das Gesicht. Das läuft in Bruchteilen von Sekunden ab und geht meist unbewusst vor.

Junge Männer und solche, die nie erwachsen geworden sind, glauben fälschlicherweise, dass Machogehabe bei Frauen gefragt sei. Starke Muckis, Kraftausdrücke, schicker Sportwagen stehen in der Damenwelt tatsächlich aber ganz hinten, wenngleich sie für den Erstkontakt nützlich scheinen. Dennoch: Die meisten Frauen wollen als Lebenspartner und Vater ihrer Kinder einen anderen Typ von Mann: den einfühlsamen und charakterstarken Mann. Wenn er dann noch gut gebaut ist, hat er doppelte Chancen.

Das männliche Angebergehabe lässt sie kalt. Es fällt aber auf, dass die Männer selber beeindruckt sind von den coolen, muskelbepackten Kerlen und fälschlicherweise meinen, das müsse bei den Frauen auch so sein.

Allerdings hat Prof. Farthing von der Universität Maine Orono herausgefunden, dass das Draufgängertum Frauen zwar abschrecke, aber die männliche Konkurrenz beeindrucke. So haben die Frauen den Eindruck, dass dieser Männertyp ein höheres Anse-

hen genieße, was wiederum deren Attraktivität für das weibliche Geschlecht steigere.*
Die Erfahrung zeigt, dass hartgesottene Männer oft ungenießbar sind. Wenn sie aus den pubertären Stadien nicht rauskommen, bleiben sie stets schwache Jünglinge in einem aufgepumpten Körper.
Die Medien haben in den letzten Jahren die Selbstverliebtheit stark gefördert, Narzissmus genannt. Das sind Menschen, die nur sich selbst gelten lassen, die ständig an ihrem Aussehen herummachen und zutiefst bindungsunfähig sind. »Meine Freundin und ich lieben mich sehr« gibt das eigentliche Ichgefühl dieser Menschen wieder. Sie bewerten sich und die anderen ausschließlich nach äußeren Kriterien: Aussehen, Kleidung, eingeübte Bewegungen, Sexappeal, materielles Drumherum, soziales Umfeld. Schönheitsoperationen und der Gang zum Beauty-Salon boomen auch unter Männern. Doch wir sollten uns nicht blenden lassen von dieser Glitzer- und Glamourwelt; denn sie hat keinen Bestand. Tief liegende Sehnsüchte nach stabiler Partnerschaft, das heimliche Schielen auf wahre Unabhängigkeit vom Diktat modischen Outfits und die Suche nach der eigenen Identität treten zutage, wenn man länger mit ihnen spricht.
Wir können diesen jungen Menschen keinen Vorwurf machen; denn es sind Erwachsene, die über die Medien jene Scheinwelt aus Schönheit, Jugend, Ruhm und Reichtum vermitteln. Dort will man ja gerade die Jugend erreichen; und man erreicht sie ausgerechnet in einer Phase der Selbstsuche und

---

* Farthings Studie ist im Fachjournal »Evolution and Human Behavior« (Bd. 26, S. 171, März 2005) erschienen.

Identitätskrise. Da sind sie am besten verführbar. Die Sender MTV, VIVA und RTL stehen in dieser Manipulationskunst ganz oben an. Da werden völlig Unbegabte vor die Kamera gelassen, wohl wissend um die sichere Häme des Publikums, auf Kosten jeder Würde, die ein unfertiger Mensch dringend braucht. Sie werden bewertet, entwertet und dann in die Depression entlassen. Schon spricht man vom Bohlen-Virus. Was Dieter Bohlen sagt, hat für diese Kids Gewicht, beeinflusst die Psyche. Nach solchen Auftritten haben Therapeuten Zulauf; in München gibt es zwei Spezialisten für Talkshow- und DSDS-Geschädigte.

Die wirksamsten Methoden für sich selbst

Sie werden es selbst aus Erfahrung wissen, wie Sie am besten bei Ihren Mitmenschen ankommen. Es wäre nicht originell, Verhaltensmuster anderer zu kopieren. Die beste Mischung hat von allem ein bisschen: Humor, Charme, Selbstbewusstsein, Durchsetzungsvermögen, Bescheidenheit, gute Laune...
Doch wer hat das schon als kompaktes Angebot? Lenken Sie Ihren Blick auf Ihre Ressourcen, auf das, was Ihnen bisher Erfolg brachte. Denken Sie darüber nach, wie bei Ihnen solche Typen wirken und was Ihnen am besten zusagen würde. Und dann kommt noch eine Brise Diplomatie hinzu, also jene Fähigkeit, die mit Charme und Klugheit an Personen herantritt.
Wer zuhören kann und den Gesprächspartner dort

abholt, wo er emotional gerade steht, hat schon die halbe Miete. Menschen, die die Technik der Paraphrasie beherrschen, sind willkommene Partner. Paraphrasie ist die Kunst, zwischen den Zeilen zu lesen und zu hören.

Frau M: »Ich hab das alles so satt, ich kann es nicht mehr hören.«
Herr K: »Ich kann verstehen, dass Ihnen das zum Hals heraushängt...«
Frau M: »Wissen Sie, mein Mann wird sofort aggressiv, wenn ich mal weine.«
Herr K: »Das muss schlimm für Sie sein, wenn Ihr Mann kein Mitgefühl zeigt.«
Frau M: »Und dann mein Sohn. Er hat seit zwei Jahren keine Arbeit. Und wie viel Bewerbungen hat er schon geschrieben!«
Herr K: »Das ist eine große Belastung für Sie und Ihren Sohn, nicht wahr.«

Herr K. wiederholt mit anderen Worten, was Frau M. sagt. Er gibt keine faulen Vertröstungen, er spricht nicht von seinen eigenen Problemen, sondern er geht ganz und gar auf Frau M ein. Diese Technik eignet sich sehr gut für den Einstieg in ein Gespräch. Denn zu oft redet jeder von sich selbst und hört kaum auf das, was der andere zwischen den Zeilen gesagt hat.
Eine weitere werbewirksame Methode ist das Lenken unserer Aufmerksamkeit auf das Positive. Wer nur meckert und jammert, wird vielleicht Verbündete finden, aber es löst das Problem nicht. Und vergessen wir nicht: Stetes Jammern verändert unsere

Zellen. Da ist es doch sinnvoller, sie durch Ermutigung, Nachdenken über neue Lösungswege und durch zuversichtliche Gedanken zu beeinflussen. »Ich erreiche mein Ziel. Ich stelle mich der Herausforderung und schaffe das.« Solche Sätze bauen auf und vermögen Kräfte freizusetzen, wenn man denn nicht gerade die Selbstüberschätzung jenes Klempners hat, der bei der Besichtigung der Niagara-Wasserfälle sagte: »Okay, ich denke, das schaffe ich.« Ein Bekannter von mir neigt zu einer auffallenden Passivität und Resignation, wenn sich größere Aufgaben ihm in den Weg stellen. Typisch für ihn sind Bemerkungen wie »das ist ein großes Problem« und »das ist schon richtig, aber wie willst du das ändern. Das ist sehr problematisch, da kann man nichts machen.« Und das war's dann auch schon. Betrachten Sie Probleme immer als Herausforderungen, denen man sich stellt. Es gibt für alles eine Lösung. Nichts ist unlösbar. Mit dieser Einstellung kommen Sie weiter und Ihre Mitmenschen erkennen in Ihnen eine starke Persönlichkeit, die nicht so schnell aufgibt. Man wird Sie in verschiedene Ämter wählen, vorausgesetzt, Sie sind bescheiden. Wer zu stark auftritt, ins Wort fällt, alles besser weiß oder alles an sich reißen will, hat keine so guten Karten. Kommen wir auf die Kleidung zu sprechen. Sie beeinflusst den zwischenmenschlichen Kontakt mehr als wir ahnen. In unserer Heilenden Gemeinschaft finden wir regelmäßig Teilnehmer vor, die unvorteilhaft gekleidet und frisiert sind. Die Palette reicht von der grauen Maus über den bunten Papagei bis zum Rad schlagenden Pfau. Unser Therapeutenteam hat sich entschlossen, eine Stilberaterin einzuladen, weil wir uns dachten, dass eine Veränderung des Äußeren auch eine Therapie ist. Damit liegen wir richtig. Wir machen sogar die Erfahrung, dass in einigen Fällen allein schon die neue Frisur das Selbstwertgefühl der Person erheblich verbessert. Aber viele kommen nicht darauf bzw. haben den Mumm nicht, Neues zu wagen.

Peter kam mit 23 Jahren zu uns mit dem Ziel einer Abnabelung von zu Hause. Er fiel uns mit seiner braven Frisur auf, die einen streng gezogenen Scheitel hatte. Seine Beine aneinandergepresst, so saß er auf dem Stuhl. Meine frotzelnde und bewusst provozierende Bemerkung, er möge bitte die Haare etwas chaotischer tragen, seinen Kopf erheben und lauter sprechen, hatte ungeahnte Konsequenzen. Zur nächsten Gruppensitzung erschien er ungekämmt, etwas trotzig, und setzte sich leicht flegelnd auf den Stuhl. Die Teilnehmer spendeten einen langen Applaus, was ihn sichtlich irritierte und doch wiederum freute. Von da an behielt er seine Frisur, ließ sich sogar anderntags graue Streifen beim Friseur einfärben und war wie verwandelt. Seine Stimme hatte die Brüchigkeit verloren, seine Körperhaltung war offener, er schien attraktiver. Und als ob das nicht schon genug wäre, fing er nun an, mit einer jungen Patientin zu flirten. Die dreiwöchige Therapie hätte er wohl nicht mehr gebraucht.

Er hat nie gewagt, aus sich herauszugehen. Meine provokante Äußerung war die Initialzündung für eine kleine Explosion. Es bedurfte des Anstoßes von außen, um aus der Raupe einen Schmetterling zu machen. Vielleicht war er einer Lebenslüge erlegen und glaubte an negative Folgen einer eigenständigen

Verwandlung. Und tatsächlich: Nach einigen Monaten schrieb er uns, dass er zu Hause ausgezogen und sehr dankbar sei für die Erfahrungen in der Heilenden Gemeinschaft. Er habe sich bis dahin nicht getraut, eigene Entscheidungen zu fällen aus Angst, ins Loch zu fallen. Lebenslügen sind die häufigsten Quellen unserer Qualen.

7. Die Aufdeckung unserer Lebenslügen

»Wer sollte sich schon für mich interessieren? Mich mag sowieso keiner. Ich bin immer wieder auf die Typen reingefallen und habe letztlich draufgezahlt. Sie sind doch alle gleich, die Männer.« So redete Frau L., die mehrere enttäuschende Beziehungen hinter sich hatte. »Ich frage mich, warum ich immer an dieselben Typen gerate. Warum passiert nur mir so was? Glauben Sie mir, manchmal denke ich, dass es da nicht mit rechten Dingen zugeht. Das kann doch nicht normal sein.«

Frau L. ist eine durchaus attraktive Frau, die jedoch nicht merkt, dass sie ihr eigenes Leben sabotiert. Jetzt galt es herauszufinden, wo die Ursachen liegen, wie ihr Lebensskript aussieht und welche Signale sie ausschickt bei der Suche nach Partnern. Herr P. leidet darunter, dass er in seinem Betrieb nicht jene Anerkennung bekommt, die er sich erhofft und verdient zu haben glaubt. Denn Herr P. ist ein guter Angestellter; er arbeitet sehr genau und gewissenhaft. Er ist zuverlässig und nimmt sich Zeit für die Aufträge, wobei er gelegentlich seine Akten mit nach Hause nimmt. Als eine Beförderung anstand, wurde ein anderer bevorzugt, was ihm nun eine handfeste Depression einbrachte. Warum nur, so fragt er sich, ist ihm eine solche Ungerechtigkeit widerfahren?

Beide Personen stehen sich sozusagen selber im Weg. Warum? Um das herauszufinden, bedienen wir uns verschiedener Rollenspiele in der Gruppe, auch der systemischen Familienanalyse und letztlich der Feedbacks, die sie drei Wochen lang von den anderen Teilnehmern erhalten.

Es gilt eine einfache Regel: Wer nie bekommt, was er will oder nur das bekommt, was er nicht will, hat in seinem Kopf ein selbstzerstörerisches Programm aufgebaut, basierend auf falschen Gedanken, Lebenslügen genannt. Frau L. verrät eine dieser Lügen im Gespräch: Sie sagt: »Mich mag keiner!« Wer so denkt, arrangiert unbewusst Ablehnungen oder deutet gewisse Verhaltensweisen potentieller Partner negativ.

Herr P. hält sich für gewissenhaft und fleißig. Das ist richtig. Doch seine Gewissenhaftigkeit ist die Begleiterscheinung eines zeitraubenden Perfektionismus, den er entwickelt hat, um Anerkennung zu bekommen. Tatsächlich aber erfährt er Ablehnung, was ihn vollends irritiert. In seinem Kopf bestimmt die Lebenslüge »Ich bin nur liebenswert, wenn ich alles perfekt mache« seine Handlungen.

In der Gruppe treten solche Muster ziemlich rasch an die Oberfläche; die anderen Teilnehmer decken das ungeschminkt auf, wobei einige immer darunter sind, die ihr Problem gespiegelt sehen und klar erkennen, wo ihre eigene Sabotage begründet liegt. Einer der grundlegenden Fehler im Denken vieler Menschen ist die fehlende Zielsetzung. Von nun an einfach nur positiv zu denken, reicht nicht. Ich muss wissen, was ich konkret erreichen will. Bekannt ist Helmut Qualtingers Bonmot: »Wohin wir fahren, wissen wir nicht, Hauptsache schnell.« Ohne Zielvorgabe verpuffen alle Energien. Und dieses Ziel muss realistisch sein, d.h. meinen Fähigkeiten entsprechen. Wer bei DSDS (Deutschland sucht den

Superstar) auftritt, um als Gesangskünstler Karriere zu machen, muss eine gute Stimme sein eigen nennen, sonst verwechselt er die Vision mit einer Illusion. Paul Pott und Susan Boyle hatten schon einige Jahre privaten Gesangsunterricht genommen, wussten also um ihre Fähigkeiten. Ihre Vision, einmal Karriere zu machen, hatte also realistische Chancen. So sind die einen der Lüge erlegen »Ich schaffe es«, obwohl die Voraussetzungen dazu fehlen, und die anderen blockieren sich durch die Lüge »Ich schaffe es nie«, obwohl sie alle Kriterien erfüllen.

Richtig ist, seine Wünsche und Ziele positiv zu formulieren; Begriffe wie »kein« oder »nicht« sollten vermieden werden, weil sie blockieren können. Das Verhängnisvolle an Verboten ist ihr Wörtchen »nicht«. Es verführt zum »jetzt erst recht«. Wenn ich Sie auffordere, jetzt einmal für zehn Sekunden *nicht* an ein grünes Kamel zu denken, werden Sie es nicht schaffen; das Kamel wird immer grüner... Wenn Sie etwas *nicht* wollen, zum Beispiel auf keinen Fall rot werden, gelingt es nicht. Sie werden rot. Daher ist es klüger, ein Ziel positiv oder neutral zu formulieren: Ich bleibe ruhig. Erröten gleichgültig. Das Unterbewusstsein kennt keine Verneinung. Es ist nicht Nacht, heißt: es ist Tag. »Und weil nicht ist, was nicht ist, registriert unser Unterbewusstsein nur das, was ohne die Verneinung übrig ist.«* Wer also hört: »Lüg mich nicht an!« speichert den Satz: »Lüg mich an!« So verwundert es nicht, dass jene Tochter, deren Mutter immer wieder betonte »Dass du mir nur ja nicht schwanger nach Hause kommst« eines

---

* Kühne de Haan, L: Ja, aber... Die heimliche Kraft alltäglicher Worte. München 14/2008. S.102

Tages prompt schwanger wurde. Es ist das paradoxe Phänomen, dass etwas um so heftiger wird, je stärker wir gegen es ankämpfen.
Frau L., die auf die Männer schimpfte, war Opfer ihrer versteckten Selbstablehnung. Sie hielt sich selbst nicht für liebenswert und glaubte daher auch nicht ernsthaft daran, dass andere sie für liebenswert halten könnten. Dadurch verfiel sie immer wieder in Unzufriedenheit und Selbstkritik, die ihre Partner allmählich als bedrückend empfanden; denn eingeprägte Gedanken schaffen Gefühle, und Gefühle werden weitergegeben. Außerdem hat sie sich jedes Mal so eng an den Partner gehängt, dass dieser sich nach kurzer Zeit wieder ausklinkte. Als Kind wurde ihr wenig Anerkennung geschenkt; sie wuchs in einer Kaufmannsfamilie auf, in der vorrangig das Geschäft zählte. Die Ehe ihrer Eltern war alles andere als gut; der Vater ging fremd. Und sie bediente sich negativer Einflüsterungen:
- Gott (das Schicksal) straft mich.
- Ich will mich schlecht fühlen.
- Ich traue mir vieles nicht zu.
- Ich muss mir die Liebe verdienen.
- Das meiste im Leben macht mir Angst.
- Ich wäre gern wie die anderen.

So musste sie lernen, ihre Spurrinnen wieder zu löschen durch das Verwenden positiver Sätze:
- Ich habe verdient, dass das Leben mich belohnt.
- Ich mag mich so, wie ich bin.
- Die meisten Menschen mögen mich.
- Dass ich Fehler mache, ist völlig ok.
- Bei Misserfolgen kämpfe ich weiter.
- Ich kann nein sagen.

Wenn Sie sich mehr im positiven Bereich aufhalten, haben Sie gute Chancen auf ein gelingendes Leben, auf Freunde und Zufriedenheit. Im negativen Bereich sind Ängste, Schuldgefühle und Selbstbestrafungstendenzen zu erkennen, die unsere Lebensqualität zerstören.

Wie blockierte Gefühle unser Leben zerstören

Wenn zwei gleichstarke, aber nicht unter einen Hut zu bringende Interessen zusammenstoßen, muss ich wählen. Da möchte Frau O. eine größere Wohnung haben und einen Garten. Jetzt wohnt sie in einer kleinen Wohnung mit Garten. Die größere, die ihr sehr gut gefällt, hat aber keinen Garten. Die dritte Möglichkeit wäre, so lange weiter zu suchen, bis sie beides findet. Das erlaubt die gesetzte Frist nicht. Jetzt kann sie nicht mehr schlafen und grübelt sich krank. Die Fähigkeit des Loslassens bedarf langer Übung.
Andere wollen, wissen aber nicht was. Ob berufliche Entscheidungen oder ob in der Partnerwahl, sie tun sich schwer, weil sie keine konkreten Vorstellungen (Visionen) haben. Bei manchen gesellt sich die Angst vor einer falschen Entscheidung hinzu, die sie natürlich um jeden Preis meiden möchten. Der Preis für die Unentschlossenheit sind verpatzte Chancen oder gesundheitliche Schäden, auf jeden Fall aber Unzufriedenheit. Wie schnell rutscht einem der Satz heraus »Ich kann nicht«, obwohl man es doch könnte. Richtig müsste es lauten: »Ich will nicht.« Ob nun reine Bequemlichkeit den Weg versperrt

oder ob es nicht doch eine fatale Selbstunterschätzung ist, bleibt zu klären. Wer wiederholt Misserfolge hatte, läuft Gefahr zu resignieren; dann bleibt er im resignierten Ehrgeiz stecken, der darin besteht, dass er immer noch tolle Pläne und wahnsinnig gute Ideen hat, sie aber nicht weiter verfolgt aus Angst vor neuen Pannen. Solche Leute beneiden die anderen, die es geschafft haben, wollen sich aber nicht auf das Wagnis geträumter Chancen einlassen. Die Angst vor einer negativen Reaktion der Mitmenschen lähmt sie. So kommt es, dass sie nicht selten ihr ganzes Denken und Tun abstimmen auf die Erwartungen ihrer Umwelt. Gelegentlich geben sie zu verstehen, wie unfähig sie sind, und nehmen diese Kritik anderen vorweg, um nicht gekränkt zu werden.

Aus Angst vor Ablehnung entwickeln viele Menschen ein übertriebenes Harmoniebedürfnis, das sie unfähig macht, nein zu sagen, sich abzugrenzen und Eigenwillen zu zeigen. Blockiert sind hier seit Kindheitstagen gesunde Aggressionen, die sich in den Trotzphasen erstmals präsentieren und von Erziehern unterschiedlich behandelt werden.

Wenn ich einem Menschen ein Kompliment mache, will ich ihm eine Freude bereiten. Doch mitunter kommt es vor, dass ein Kompliment zurückgewiesen wird in einer falschen Bescheidenheit oder – was ebenso schlimm ist – im Bewusstsein, es nicht verdient zu haben. Hier ist das Selbstbewusstsein gehemmt, vielleicht ausgelöst durch den falschen Satz vom Eigenlob, das angeblich stinkt. Denn wer ein Lob annimmt, bekräftigt damit seine Richtigkeit.

Herr F. fällt uns mit seiner verhaltenen, doch brüchigen Stimme auf. Das passt gar nicht zu seinem stabilen, stattlichen Äußeren. Er klagt ständig über seinen tyrannischen Vater, der ihn nie richtig anerkannte, nie in die Arme nahm. Durch dieses Fehlen der Vaterliebe ist er depressiv geworden. Wir fragten uns, wo seine Wut geblieben ist? Ein tyrannischer Vater, der so versagt, löst doch in einem Buben Zorn aus. Im Lauf der Wochen kam zutage, dass Herr F. seine Wut in Trauer verkehrte; er hatte Angst, unberechenbar auszurasten, ja sogar den Vater zu töten, wenn er diese Wut zuließ. Also unterdrückte er sie und verpackte sie in den Panzer der Depression, die man eigentlich hier larvierte Wut nennen müsste.

Es kommt auch umgekehrt vor: Trauer kann versteckte Wut sein, und Wut kann ungelebte Trauer sein. Wer immer seine Gefühle vergewaltigt, sabotiert sich selber. Logischerweise kann ein solches Opfer auch nicht vergeben. Ja, mancher will nicht vergeben, damit er die Kränkung als Waffe einsetzen kann: Du bist schuld an meiner Krankheit, du hast mich in den Ruin getrieben, dir verdanke ich... Denn vergeben hieße ja: es nicht mehr vorwerfen, eigene Verantwortung für sein Leben übernehmen. Und dazu sind blockierte Opfer nicht bereit. Sie werden selbst zum Täter.

Wer perfektionistisch ist, baut eine Barriere vor seinen eigenen Zielvorstellungen auf. Aus Angst, den hohen Erwartungen nicht gewachsen zu sein, gibt er kurz vor dem Ziel auf, wobei er »gute Gründe« angibt, um sein Gesicht nicht zu verlieren. Selbstbewusstsein und Disziplin reichen nicht aus, weiter zu

kämpfen. Oder die Vision ist nicht stark genug, um gegen Widerstände anzugehen. Wer kämpft, kann verlieren; wer nicht kämpft, hat schon verloren. Erstaunlich viele Zeitgenossen lassen sich fremdbestimmen, d.h. sie haben Wünsche und Zielvorgaben anderer Leute verinnerlicht, als eigene übernommen, fühlen sich aber keineswegs innerlich frei. Irgendwie empfinden sie ihren Lebensweg als belastend, fremdgesteuert. Ihre Entscheidungen entsprechen nicht wirklich ihren Überzeugungen. So ergreift einer einen Beruf, den die Eltern wünschten, nicht er selber. Viele Ehen sind ungültig, weil die freie, persönliche Partnerwahl nie stattfand. So können starre Denkstrukturen, nie hinterfragte Traditionen und Fremdbestimmungen die freie Entfaltung verhindern. Wundert es Sie nun, dass so viele Menschen unglücklich durch die Welt laufen?
Wie bekommt man die blockierten Gefühle wieder frei? Durch Üben, Üben, Üben. Am besten in einer geschützten Atmosphäre wie sie therapeutische Häuser anbieten. Die dahinter verborgene, verlogene Angst muss durchschaut und ignoriert werden. Wer oft genug das tut, was ihm Angst bereitet, weiß, wie dumm es war, es nie zu tun. Das gilt sicher nicht für alle Bereiche des Lebens. Gleichzeitig sollte im Gespräch die Herkunft der Blockaden erkennbar werden. Eine besonders tragische Hemmung der Lebensvitalität kann durch frühen sexuellen Missbrauch ausgelöst werden. Nicht alle Opfer wissen um den Missbrauch, zeigen aber unverkennbar Symptome eines solchen. Machen Sie in Gedanken ein Rollenspiel und stellen Sie sich vor, wie souverän Sie Ihre Meinung vertreten, sich gegen Unrecht zur

Wehr setzen, einem Chef die Meinung sagen, wie Sie ihr ersehntes Ziel bereits erreicht haben... Je öfter Sie auf mentale Weise Ihren Sieg vorwegnehmen, desto besser gelingt es. Die grauen Zellen merken es sich.*

Erinnern Sie sich noch der eingangs genannten Einflüsterungen? Sprechen Sie jetzt laut die folgenden Ein-Bildungen:
- Ich will mich gut fühlen.
- Ich traue mir vieles zu.
- Ich habe Qualitäten.
- Ich erreiche mein Ziel entschlossen.
- Ich kann nein sagen und kämpfen.

Und gehen Sie gnädig mit sich selbst um für den Fall, dass Sie etwas nicht erreichen. Denn »wer sich selbst nichts Gutes tut, wer wird den für gerecht halten?« (Sirach 10,29)

Vergleichen mit anderen ist manchmal sinnvoll

Eltern sind geneigt, ihre Kinder gern mit anderen zu vergleichen und gelegentlich auch an sie anzupassen. »Schau dir den Florian an, sein Zimmer ist aufgeräumt. Warum ist dein Zimmer immer so chaotisch?« – »Nimm dir ein Beispiel an Stephanie. Die hilft ihrer Mutter täglich eine Stunde lang. Da kannst du dich ja wenigstens mal für eine halbe Stunde aufrappeln!« Oder die Ehefrau möchte ihren

---
* Empfehlenswert: Arthur Freeman, R. Dewolf: Die 1o dümmsten Fehler kluger Leute. Wie man klassischen Denkfallen entgeht. München 2009

Mann verändern und benutzt mehr oder weniger versteckte Hinweise auf die Vorbildlichkeit anderer Ehen: »Schau dir mal die Meiers im zweiten Stock an, was die auf einmal für eine gute Beziehung wieder haben!« – »Na, was glaubst du wohl, was der Kurt alles unternommen hat, seinen Betrieb aufzumöbeln. Sprich doch mal mit ihm und tu was!« Oder man vergleicht sich selbst mit anderen und endet im Gefühl, zu kurz gekommen zu sein.

Wie immer es auch sei: Vergleiche bieten einen Nährboden für Unzufriedenheit, sofern sie von dem Irrtum ausgehen, dass die anderen immer eine Nasenlänge voraus sind. Ich erinnere mich an eine Situation aus meiner Schulzeit, die mir sehr peinlich war. Als ich bei einem Freund zu Besuch war, kam es zwischen ihm und seiner Mutter zu Meinungsverschiedenheiten. Im Lauf dieser Auseinandersetzung stellte die Mutter mich zum Vorbild hin für ihren Sohn und sagte: »Schau mal den Jörg an, wie ordentlich der gekleidet ist. Man muss sich ja schämen, so wie du rumläufst.« Das tat sie wiederholt, was natürlich ihren Sohn in keiner Weise änderte. Im Gegenteil: das Verhältnis zwischen ihr und ihrem Sohn verschlechterte sich dadurch. Was da vielleicht gut gemeint war, entpuppte sich als Schuss nach hinten.

Auf andere zu schauen, kann nur hilfreich sein, wenn es in konstruktiver Weise geschieht. Ich empfehle, jeden Hinweis auf das bessere Verhalten oder Aussehen eines anderen vor seinen Kindern zu unterlassen, auch den Partner nicht allzu oft damit zu frustrieren. So was führt in der Regel nicht zum gesunden Nacheifern, eher zur trotzigen Ablehnung oder Resignation. Vergleiche mit sich selbst sind nur sinnvoll, wenn ich mich realistisch einschätze, meine Vorzüge und Qualitäten kenne und den anderen als nachahmenswerte Persönlichkeit betrachte. So dient der andere als Vorbild, das mich beflügelt und meine eigenen Ideen freisetzen kann; es darf nicht zum Neid kommen oder zur Überforderung der eigenen Bestrebungen.

Als ich meinen Freund nach dreißig Jahren wiedersah, schien er mir unverändert im Äußeren; er liebte die saloppe, praktische Mode, die in den Augen seiner Mutter als »unordentlich« galt. Ebenfalls unverändert war sein Zorn auf die Mutter.

Die Medien bringen ausschließlich die Schönen und die Reichen ins Gespräch. Davon lebt eine ganze Zeitschriftenindustrie. Wer täglich mit dieser unerreichbaren Welt konfrontiert wird, muss schon ein starkes Selbstbewusstsein haben, um nicht vor Neid und Missgunst zu erblassen. Aber oft reicht auch schon das kleine bisschen Gefühl von Unzulänglichkeit, das ein Leben durchzieht.

Es ist ein Unterschied, ob jemand ein Idol hat, das er nachahmen möchte, oder ob er ein Ideal hat, das er anstrebt. Im ersten Fall geht es um Äußerlichkeiten, im zweiten Fall um innere Werte.

»Ich will einmal reich werden und genug Geld haben«, sagte ein Bekannter zu mir. Er besaß genug Ehrgeiz und Willensstärke, sein Ziel zu erreichen. »Na warte, euch werd ich's zeigen. Eines Tages werdet ihr sehen, wer es von euch geschafft hat.« Diese Einstellung ist völlig in Ordnung, wenn der Ansporn nicht auf Kosten anderer geht. Ein Lehrer sagte mir einmal, er glaube nicht, dass ich das Zeug zum Studium habe. Das setzte in mir Aggressionen frei, die ich zum Studium nutzte. Andere wären vielleicht depressiv geworden und hätten die Flinte ins Korn geworfen. Ich hingegen dachte »jetzt erst recht«. Wer von Haus aus keine emotionale und seelische Unterstützung erhält, mag abstürzen. Deshalb kann ich dringend raten, vorbildhafte Menschen nur dann ins Gespräch zu bringen, wenn der andere dadurch nicht abgewertet wird. Sonst erreicht man eher Mutlosigkeit oder Unzufriedenheit.

Sinnvolle Vergleiche ermutigen, spornen an, setzen Kräfte frei. Melden sich gegenteilige Gefühle, ist das Schielen auf die anderen destruktiv.

»Die Frau N. hat es gut: gewinnt im Lotto mal eben zwei Millionen, hat zwei Kinder und hat ausgesorgt. Andererseits hat sie schweres Rheuma und kann nicht gut gehen. Der älteste Sohn nimmt Drogen. Eigentlich ist sie arm dran.« Wer so denkt, differenziert sein Urteil und relativiert das beneidenswerte Glück anderer. Es ist klug, bei allen vermuteten Vorteilen, die andere haben, auch die Grenzen und Nachteile zu bedenken, die man gerne ausblendet. Es gibt ein »einerseits« und immer auch ein »andererseits«; das macht Vergleiche bodenständiger. Und letztlich zählt doch nur der eine Gedanke: Ich bin dankbar für das, was ich habe und bin. Meine Kräfte nutze ich zum kreativen Leben; was meine Ziele betrifft, so werde ich sie in Ruhe und Entschlossenheit angehen.

8. Die tödliche Wirkung von Killerphrasen

Welche Folgen Bemerkungen wie »Dummkopf« oder »Du bist ein Versager« haben, dürfte inzwischen jedem von uns klar sein. Die Medien sind voll davon. Junge Menschen, die von Erziehern gekränkt und entwertet werden, die im System unserer Schulen und im gesellschaftlichen Anpassungsdruck untergehen, können in die Depression flüchten oder in die Aggression. Amokläufer wie Tim K. von Winnenden, Sebastian B. aus Emsdetten, Robert St. aus Erfurt und Tanja O. aus St.Augustin haben sich für den bewaffneten Angriff entschieden. Rache für erlittene Kränkungen einerseits, der Schrei nach Aufmerksamkeit andererseits. Es sind die modernen Herostraten, Verbrecher aus Geltungssucht. 356 vor Chr. hat Herostrat den Tempel der Artemis in Ephesus angezündet – aus Ruhmsucht, wie er selber gestand. Damals wollte man seinen Namen totschweigen, um keine Nachahmer zu motivieren. Heute gelingt diese Strategie kaum, weil die Medien von der Neugier und vom Voyeurismus leben. Also wird es weiterhin Nachahmer und Trittbrettfahrer geben, die um den Preis von Unschuld und Freiheit fragwürdigen Ruhm suchen und der Gesellschaft auch zeigen, was alles falsch läuft. *

Verbale Demütigungen als Ursachen erklären das Desaster nicht. Sonst hätten wir alle einen Grund zum Ausrasten. Hier ist mehr als Frust. Gesammelte narzisstische Kränkungen und jahrelang aufgebaute

---

* Vgl. hierzu: Belwe A.: Die Rückkehr der Herostraten. In: Psychologie heute, Juni 2009, S.36 ff

Wut auf die unsensible Umgebung vermischen sich mit einer krankhaften Egozentrik. Wenn dann noch durch den täglichen, stundenlangen Konsum von Gewaltvideos das eigene Empfinden für Wirklichkeit und Empathie zerstört wird, kommt es zum Knall. Dabei sind es ausgesprochen schwache Menschen, die zu solchen Mitteln greifen; sie wollen ihr Versagergefühl mit der Waffe kompensieren und endlich einmal Macht haben, Schicksal spielen, Richter sein.

Wenngleich der Täter alleinige Verantwortung zu tragen hat, so ist unsere Gesellschaft nicht unschuldig. Die verbalen Entgleisungen des Dieter Bohlen erreichen Millionen Ohren. Die deutschen Talkshows und die amerikanischen Verkuppelungsspiele bei MTV zeigen ganz bewusst verbale und handgreifliche Auseinandersetzungen sowie Demütigungen von Bewerbern. Die auf der Bühne stehenden Möchtegernstars werden entwertet und erleiden einen neuen Stoß in ihre kränkelnde Psyche; manche überspielen es geschickt, andere brechen hinter der Bühne zusammen, einige wenige schlagen verbal und sogar handgreiflich zurück. Das Publikum jauchzt. Und die Medien haben ihre Schlagzeilen. Mit Ausrutschern wie »Du hast ein Aussehen wie eine Kuh, die gerade vom Kalben kommt« oder »Du bist eine Null, die nur aufgeblasen wie ein O wirkt« kann man die Würde eines pubertierenden Menschen tödlich verletzen. Das sind Killerphrasen, die mehr Unheil anrichten können als die im häuslichen Raum gesprochenen Schimpftiraden einer überforderten Mutter. Nur wenige vermögen darauf sachgerecht und schlagfertig zu reagieren.

Wir bedienen uns täglich solcher Sätze, wobei sie weder killen (töten), noch beleidigen wollen. Wir benutzen sie, wenn wir überfordert sind, wenn wir irgend etwas abblocken wollen, wenn wir uns ärgern oder ängstigen.

Vor Jahren geschah es in Trier, als ich bei der Stadtverwaltung die Genehmigung für eine Konzertaufführung auf dem Marktplatz holen wollte. Ich organisierte eine musikalische Darbietung der Ravensburger Rockgruppe »Effata« und begab mich also zum verantwortlichen Beauftragten in Sachen Kultur. Was sich dort im Büro abspielte, war der klassische Fall einer gebündelten Killerphrasensammlung:

Müller: Guten Tag, mein Name ist Jörg Müller, ich
   möchte eine Genehmigung zu einer Konzert-
   aufführung am Sonntagmorgen auf dem
   Marktplatz. Es spielt eine christliche Rockmu-
   sikgruppe aus Ravensburg.
Beamter: So. Eine Rockgruppe. Da könnte ja jeder
   kommen. (1. Killerphrase)
Müller: Nein, da komm jetzt nur ich. Aber der
   Auftritt ist doch möglich, oder?
Beamter: Sie haben vielleicht Nerven! (2. Killerphrase)
Müller: Haben Sie keine?
Beamter: Sagen Sie mal: Wie reden Sie mit mir?
Müller: Und Sie mit mir? Ich bin Bürger der Stadt
   Trier, will Ihren Stempel haben für ein Konzert
   und Sie wollen offenbar nicht.
Beamter: Sind Sie immer so empfindlich?
   (3. Killerphrase)
Müller: Ich denke, diese Frage bringt uns
   nicht weiter.

Beamter: Ich sage Ihnen, so einfach ist das nicht mit
   einer Aufführung auf dem Marktplatz
   (4. Killerphrase). Wie stellen Sie sich das vor?
Müller: Ganz einfach: Aufbauen, spielen,
   abbauen. (Ich denke: Typisch Beamter!
   Auch eine Killerphrase)
Beamter: Wer spielt da?

Nach langem Wortgeplänkel bekam ich den ersehnten Genehmigungsschein. Ich dachte bei mir, wie viel Zeitverschwendung und Frust doch solche banalen Vorgänge kosten, wenn die Macht habende Person aus unerfindlichen Gründen nicht will. Mir ist ein Kriechen oder Buckeln zuwider; lieber verzichte ich auf meinen Vorteil, als dass ich mich verbiege.

Jeder von uns greift auf Scheinargumente zurück, wenn er auf eine Idee nicht eingehen will. Da er keine Sachargumente hat, sondern nur aus dem Gefühl von Angst, Unsicherheit oder Trägheit heraus spricht, schiebt er nichtssagende Barrieren ins Feld:

- Das hatten wir schon alles gehabt.
  Funktionierte nicht.
- Sie haben ja keine Erfahrung. Dafür sind Sie noch zu jung.
- Da könnten ja alle kommen.
- Das gab es noch nie. Das wird's auch nicht geben.
- Sie haben vielleicht Nerven.
- Solange ich hier etwas zu sagen habe…
- Du kannst ja gehen, wenn es dir nicht passt.

- Du kapierst das nicht. Du bist zu blöd dafür.
- Du mit deinen seltsamen Ideen!
- Aber das ist doch kindisch.

Solche Sätze zeugen von Hilflosigkeit. Sie können sensible Menschen verletzen oder wütend machen. Die beste Reaktion sind Gegenfragen, z.B. »Warum sagen Sie das jetzt?« – »Meinen Sie, dass diese Bemerkung uns hier weiterbringt?« – »Entschuldigung. Was haben Sie gerade gesagt?« Eine andere Strategie besteht im gespielten Überhören einer solchen Bemerkung: »Sehr interessant, was Sie da sagen, aber noch mal zurück zum eigentlichen Thema...«

Leider führen solche Gespräche eher zur Resignation. Kreative Mitmenschen fühlen sich unverstanden, Mitarbeiter abgeblockt, Jugendliche abgelehnt. Killerphrasen sind kein Ersatz für eine sachliche Diskussion; sie sind Zeichen einer emotionalen Blockade und Ausdruck von Unsicherheit.

Eine der bekanntesten Killerphrasen, die ältere Menschen häufig gebrauchen, lautet: »Dafür bin ich zu alt.« Wer so denkt, wird alt und tut sich keinen Gefallen. Die Gehirnzellen schrumpfen, weil Neues nicht mehr angepackt wird. Wer mit siebzig Jahren meint, auf Computer, Bildungsreisen oder Volkshochschulkurse verzichten zu dürfen, altert schneller. Die Harvard-Wissenschaftlerin Ellen Langer experimentierte mit 80jährigen Männern: Diese sollten sich eine Woche lang so verhalten, als seien sie zwanzig Jahre jünger. Tatsächlich waren sie danach agiler, konnten besser sehen, hören und schärfer denken. Selbst Außenstehende, denen man die aktuellen Fotos der Senioren zeigte, hielten sie für deutlich jünger. *

Raus aus den Killerphrasen und Gedankenlügen

Die meisten Ängste lügen, d.h. sie gaukeln uns etwas vor, was nie eintritt. Wer nichts wagt, nicht Neues ausprobiert, lässt seine grauen Zellen schrumpfen und lebt nicht mehr. Er existiert nur. Von Lebensqualität kann keine Rede sein. Die Bibel fordert uns auf, die Erde uns untertan zu machen, unsere Gaben einzusetzen, neue Wege zu gehen. Das alles im Vertrauen auf Gott. Und genau da hapert es: Wir haben das Vertrauen verloren. Deshalb stehen Versicherungen, Garantien und Bürgschaften so hoch im Kurs.** Moderne Killerbegriffe wie Arbeitslosigkeit, Rezession, Börsencrash oder Ökologische Krise machen uns zu schaffen; das Denken wird zunehmend negativer, selbst Wortneuschöpfungen zeugen von einem etablierten Pessimismus. Man spricht von »bad banks«, »feindlichen Übernahmen«, »toxischen Papieren« und »faulen Krediten«. Wann kommen die good banks und die freundlichen Übernahmen? Wenn Worte, Bilder und Gedanken unser Leben verändern, dann bitte doch im Positiven. Wir brauchen Vitalphrasen, keine Killerphrasen.

* Siehe Magazin »Gesundheit« Nr 3/2009, S. 9 (Stern-Magazin)

** Man bedenke in diesem Zusammenhang auch die Entmündigung des Bürgers durch eine überzogene Reglementierungswut, Überwachungskontrolle und Bestrafungsmanie, die in Deutschland zugenommen haben.

In der Regel werden gewisse Ängste im Lauf der Lebensjahre erworben. Nicht alles ist angeboren oder während einer unruhigen, angstbesetzten Schwangerschaft übertragen. Manche Berufe erfordern starke Nerven und viel Mut. Das lässt sich nur bedingt trainieren. Menschen in führenden Positionen dürfen keine Angsthasen sein, sonst endet ihr Betrieb in der Stagnation.

Wir haben im letzten Kapitel gelesen, dass Killerphrasen gern von ängstlichen Menschen benutzt werden; sie verschanzen sich dahinter, weil sie nicht den Mut aufbringen, etwas Neues zu wagen. In der passiven Strategie wollen sie Krisen oder Chancen nicht wahrhaben; sie lassen viele Anregungen, Vorschläge und Briefe einfach liegen und umgeben sich mit einem Heer von Jasagern. Am Ende gesellt sich zur Angst der Kontrollverlust.

In der aktiven Strategie handelt der Mensch; die Angst vor Existenzverlust oder Krankheit lähmt ihn nicht, sondern mobilisiert seine letzten Kräfte zur Lösung des Problems. Er blickt nicht wehmütig zurück, sondern mutig nach vorne. Dabei macht er sich klar, dass die bisherigen Ängste nie das Befürchtete haben eintreten lassen, und dass immer noch eine Lösung gefunden wurde. Tatsächlich sind die meisten Ängste überflüssig, und die Gedanken über sie nur hinderlich. Denn nicht die Umstände sind krankmachend, sondern unsere Gedanken über sie. Bemerkungen wie »Das hat alles keinen Zweck« oder »Ich hab soviel schon probiert, nichts hat genutzt« lügen. Bedenken Sie, wie oft Sie schon am Ende standen, keinen Ausweg fanden, und immer noch da sind.

Sollten Sie zu den Perfektionisten gehören, leiden Sie unter der Angst vor Fehlern und vor einer sozialen Ablehnung. Wieder eine Lüge. Nicht »alles oder nichts«, sondern »besser der Spatz in der Hand als die Taube auf dem Dach.« Der wichtigste Gedanke, den Sie sich täglich einprägen sollen, lautet: »Ich bin liebenswert auch ohne Leistung.« Jeder Hauch eines selbstzerstörerischen Gedankens kann ersetzt werden durch das bewusste Aussprechen eines gegenteiligen, konstruktiven Gedankens. Es geht vorrangig um Fördern, nicht um Fordern. Deshalb sind ermutigende Worte so wichtig: Du schaffst es. Erkenne deine Fähigkeiten und Visionen. Wage den Schritt und du wirst sehen, es geht.
Während Killerphrasen und Sabotagegedanken unsere chemischen Botenstoffe im Gehirn negativ beeinflussen, erzeugen Ermutigung und Willensimpulse Glückshormone, die wiederum unsere Energie zum Handeln mobilisieren. Ein Kreislauf, auf den wir eigenmächtig einwirken können.
Vorurteile sind ebenfalls Lügen; sie verallgemeinern, polarisieren und prägen unbewusst unser Verhalten. Wer Vorurteile hegt, kennt den Menschen nicht.

> Ein Freund besuchte den berühmten Essayisten Charles Lamb. »Ich möchte Euch Herrn Soundso vorstellen«, sagte er. »Nein danke«, erwiderte Lamb, »ich mag den Mann nicht.«
> »Aber Ihr kennt ihn doch gar nicht!«
> »Ich weiß. Darum mag ich ihn ja auch nicht«, sagte Lamb. *

---

* de Mello, A: Warum der Schäfer jedes Wetter liebt. Freiburg 1988, S. 150

Wenn nur nicht immer dieses »Ja, aber« wäre

Es war 1966. Ich hatte mein Abitur gemacht und wollte die langen Ferien bis zum Studienbeginn für eine Sahara-Reise nutzen. Das war damals nicht ungefährlich, zumal ich allein mit einem Renault 4 auf den Spuren des Charles de Foucauld wandeln wollte, also durch die algerische Wüste bis zum Hoggar-Gebirge.
Auf der Suche nach einem Reisebegleiter stieß ich regelmäßig auf Bedenkenträger, die mit einem »Ja, aber...« sämtliche Pläne zunichte machten.
»Ja, ich würde ganz gern mitfahren, aber eine so weite Strecke im PKW. Und dann bei dieser Hitze!« – »Ja, tolle Idee. Aber ich muss während der Ferien eine Wohnung suchen.« – »Mensch, super. Aber was ist, wenn uns was passiert?«
Also fuhr ich allein los. Weil ich auch gegen manche »aber«gläubische Bedenken zu kämpfen hatte, bereitete ich mich auf diese fünftausend Kilometer Reise gut vor. Ich besorgte neues Kartenmaterial, Ersatzteile, Medikamente, Adressen und machte mich durch Sport körperlich fit. Meine Eltern beobachteten meine Vorbereitungen und ließen mich los, was ihnen sicherlich ein großes Vertrauen abverlangte. Nach dieser sehr abenteuerlichen Reise hatte ich in meiner Entwicklung einen Sprung nach vorne gemacht; das ganze Unternehmen war wohl so etwas wie ein Initiationsritus. Später habe ich die Reise noch zweimal wiederholt – mit Freunden.
Dieses »Ja, aber...« kann alle Bemühungen und Absichten zunichte machen. Prüfen Sie einmal Ihren eigenen Aber-Glauben, mit dem Sie Ihre

Lebenswege blockieren. Es geht nicht um notwendige und sinnvolle Einschränkungen wie: »Ich gehe gern mit ins Kino, aber erst am Mittwoch, weil ich heute einen Termin habe.« Es geht auch nicht um ein bedingtes Aber: »Du kannst heute Abend mitgehen, aber mach zuerst die Aufgaben!« Auch geht es nicht um ein motivierendes Aber: »Ja, ich habe Mist gebaut, aber ich gebe mir Mühe, es besser zu machen.« Nein, gemeint ist das sabotierende Aber, das nichts anderes zum Ziel hat, als meine Unsicherheiten oder Ängste zu kaschieren. »Ja, Sie haben völlig Recht: Ich brauche eine Therapie. Aber das hat doch noch Zeit...«

Dieses »Ja, aber« bewahrt uns vor einer direkten Konfrontation; es ist ein kaschiertes Nein. Damit gestehen wir uns eine gewisse Machtlosigkeit ein, auch eine meist unterbewusste Angst vor dem, was auf uns zukommt.

»Ich würde ja gern den Michael fragen, ob er mitkommt zur Feier, aber vielleicht hat er schon jemanden...« Statt zu fragen, bleibt es bei der Vermutung und bei dem unguten Gefühl, eventuell nicht interessant genug zu sein.

»Ja, du hast Recht. Ich sollte mit dem Chef reden. Aber du weißt ja, wie er ist. Das bringt nichts.« Und wieder bleibt ein möglicherweise gutes Gespräch ungetan.

»Ich sehe ein, dass ich mich mit meiner Mutter versöhnen sollte. Aber sie wird mich rauswerfen wie immer, wenn ich damit komme.« In diesem konkreten Fall ist das Befürchtete nicht eingetreten. Wir haben das Gespräch vorher im Rollenspiel geübt und eine Strategie entworfen. Tatsächlich war die

Mutter über die Versöhnung sehr froh. Die Meinung, dass Klärungsgespräche erfolglos seien, bekommen wir Therapeuten regelmäßig zu hören. Es ist die Art und Weise, wie solche Gespräche angegangen werden, die über Erfolg oder Misserfolg bestimmt. Die Erfolge könnten größer sein, wenn nicht die eingefleischten Negativmeinungen so beherrschend wären.

Eine englische Zeitung namens »good news« wollte nur positive Nachrichten bringen und musste nach einem Jahr den Vertrieb einstellen mangels Absatz. Schlechte Nachrichten sind interessanter, hinterlassen aber auf Dauer deprimierende Gefühle. Da bleibt zu hoffen, dass die »Gute Botschaft« Jesu nachhaltiger wirkt als unsere täglichen Schlagzeilen.

9. Gefahren aus der virtuellen Welt des Computers

Der lange Gebrauch von PCs hinterlässt tiefe Bahnen im Gehirn, ähnlich den Spuren eines Drogensüchtigen. Dünne Verbindungswege zwischen den Nerzenzentren werden dicker, was dazu führt, dass allein schon der Anblick eines Computers das Bedürfnis auslöst, sich davor zu setzen.

Man hat festgestellt, dass jener Teil im Gehirn, der die Daumenbewegung steuert, in den letzten Jahren beim Jugendlichen größer geworden ist. Wieviele SMS werden täglich von Jugendlichen getippt, wie viele Stunden am Computer gechattet! Das Gehirn verändert sich. Das muss nicht von vornherein schlecht sein; es mag durchaus auch positive Folgen haben, wenn man bedenkt, mit welchem Tempo und mit welcher Geschicklichkeit hier vorgegangen wird, während unsereiner lieber telefoniert, weil alles andere zu lange dauert.

Das Problem liegt im Suchtpotential begründet. Und im Fehlen der sozialen Ausrichtung. Wo Kinder noch vor dreißig Jahren draußen mit den Kameraden herumgetollt sind und Räuber und Gendarm spielten, halten sich heute die Kids an ihren Konsolen fest und spielen allein gegen einen virtuellen Gegner. Das mag vielleicht die Reaktionsgeschwindigkeit verbessern, aber ein soziales Miteinander könnte unterentwickelt bleiben.

Eindeutig aber bleibt die Zunahme der Ablenkung: So sind viele nicht mehr in der Lage, ein Buch konzentriert zu lesen oder eine andere geistige Tätigkeit länger als ein paar Minuten durchzuhalten. Rasch

folgen gedankliche Abschweifungen, die nach Abwechslung suchen; das Gehirn sehnt sich nach Hochspannung, nach dem Kick. Sobald ein Text, ein Gespräch oder ein Film langatmig wird, beginnt das große Zappeln. Das wissen auch die Medienmacher; und so sind sie genötigt, kurzweilige Filme mit höchstmöglicher Spannung und stets neuen dramaturgischen Höhepunkten zu produzieren, um die Quote der Zuschauer zu halten. Doch der Zeitpunkt, an dem auch das nicht mehr vom Hocker reißen wird, kommt. Ähnlich ist es mit der sexuellen Aktivität, die mit immer neuen Mitteln noch mehr Kick sucht, bis sie schließlich in der Impotenz landet.
Das Aufmerksamkeitsdefizit nimmt also zu. Alles muss schnell gehen, abwechslungsreich sein und möglichst synchron verlaufen; da kommt das Gehirn nicht mehr mit. Es ermüdet schnell oder dreht durch. Neun von zehn Schülern geben zu, dass sie im Stress leben, ein hoher Prozentsatz der Erwachsenen leidet unter Zerstreuung und Vermeidungshaltungen, d.h. sie schieben Arbeit ständig auf, umgehen geschickt Verantwortung, flüchten vor unangenehmen Aufgaben.
Dass Worte, Gedanken und Bilder uns beeinflussen und verändern, ist nicht neu. Neu ist die Erfahrung, dass sie es in einer massiven Weise tun können und die Gehirnstruktur umschichten, ähnlich einer Gehirnwäsche. Eltern sollten wissen, was sich ihre Kinder am Computer anschauen, mit wem sie chatten und welche Spiele sie ausgesucht haben.
Und wenn schon »Gehirnwäsche«, dann positiv mit Suggestionen wie: »Bleib entspannt und ruhig, du

schaffst es.« – »Denk einmal konzentriert nach, du wirst die Lösung finden.« – »Entscheide dich jetzt für das, was gut ist. Fühl mal nach und du wirst das Richtige erkennen.« Wo immer Erzieher mit ihren Kindern über die Programmauswahl im Fernsehen und über Spiele im Computer reden, auch eine konsequente Entscheidung und Zeitgrenze fordern, gelingt auch die spätere Eigenverantwortlichkeit und Verzichtfähigkeit.

Computer und Handy sind eine geniale Erfindung, die man beherrschen muss, will man nicht von ihr beherrscht werden.

Krank oder gesund – es ist meine Entscheidung

Die Amokläufe haben die Diskussion über den Umgang mit Medien in Gang gebracht. Experten sind unterschiedlicher Meinung, was den Einfluss von Fernsehen und Computerspielen auf Gewaltbereitschaft betrifft. Es fällt auf, dass alle Amokläufer der Welt exzessive Konsumenten von Gewalt verherrlichenden Filmen und Spielen waren. Fans von Computerspielen behaupten, sie könnten Wirklichkeit und Fiktion sehr wohl unterscheiden. Das mag ja sein; ebenso wissen wir alle, dass die Werbung meistens lügt und die Dinge nicht so darstellt wie sie sind. Und dennoch hat sie eine enorme Wirkung; die Tabakindustrie musste die leidvolle Erfahrung machen, dass der Zigarettenkonsum nach dem Wegfall der Werbung erhebliche Einbußen erlitt. Studien belegen es: Wer Dauerkonsument von Gewaltfilmen und Kriegsspielen ist, macht unmerk-

lich eine Veränderung im Denken und Fühlen mit. Er wird aggressionsbereiter und greift in realen Situationen (wenn er beleidigt oder angegriffen wird) zu jenen Mitteln, die er oft genug gesehen hat. Wer im Spiel Punkte sammelt, sobald er einen Gegner getötet hat, wird zusätzlich belohnt durch die Produktion des Glückshormons Dopodamin. Das verstärkt seine Sucht nach neuen Siegen. Wer hier nicht rechtzeitig die Bremse zieht, wird süchtig. Er verliert sein Gefühl für Realität. Außerdem stumpft sein normales Empfinden für Unrecht und das für Mitleid ab.
Hierzu hat Prof. Craig Anderson, Psychologe an der Iowa State University in Ames, eine Studie gemacht. Eine Gruppe spielte gewaltfrei, eine andere aggressiv. Danach füllten beide einen Fragebogen aus, wobei der Versuchsleiter den Raum verließ. Einige Minuten später bricht im Flur draußen eine Schlägerei aus, die natürlich vorgetäuscht wurde. Einer mimte den Verletzten und lag auf dem Flur. Man hörte Tritte gegen Türen und Lärm. Getestet wurde die Zeit, die die Versuchspersonen benötigten, um aus ihrem Raum zu kommen und nachzusehen, ob man dem Verletzten helfen muss. Jene Gruppe, die vorher ein Gewaltspiel spielte, brauchte dreimal so lange wie die andere Gruppe. *
Aber keine Angst! Gefährdet sind nur unkritische Dauerkonsumenten. Das große Heer der Kinder und Jugendlichen zeigt keine sozialen Defizite. Sie haben Freunde, treiben Sport und zeigen Interesse für viele Dinge. In Sachen Technologie sind sie den

---

* Vgl. Amoklauf: Mediengewalt ist ein wichtiger Faktor. In: Psychologie heute 6/2009. S.3

Erwachsenen weit voraus. Natürlich sind die Eltern und Lehrer gefordert, mit ihren Zöglingen in ständigem Gespräch zu bleiben. Desinteresse an der Technologie oder Überfordertsein im Umgang damit sind häufige Gründe für die Unwissenheit der Eltern. Dabei wäre es für die Kinder eine zusätzliche Anerkennung, wenn sie ihren Eltern den Umgang mit dem Computer erklären könnten. Wir haben es ja schon gehört, dass auch die Bereitschaft, Neues zu lernen, das Gehirn verjüngt.

Online-Banking (Geldüberweisung per Computer), Surfen (Herumsuchen in den verschiedenen Webseiten), Lernen, Textverarbeitung, auch Komponieren am PC und vieles mehr sind attraktive Möglichkeiten, denen auf Dauer sich niemand entziehen kann. Infolge ständiger Verbesserungen und Neuprogrammierungen hört der Lernprozess nicht auf; wer sich hier verschließt, schaut schnell sehr alt aus. Wer dran bleibt, tut seinen grauen Zellen Gutes.

Erinnern wir uns an die Erfindung des Fernsehens. Als der Fernseher in die Wohnzimmer einzog, munkelte man ähnliche soziale Missstände. Doch nach einer Zeit der Gewöhnung folgte wieder der Alltag, wobei allerdings einige Süchtige übrig blieben. Jeder Vorteil mag auch Nachteile haben; auf den Menschen kommt es an, wie er damit umgeht und was er auswählt. Allen Unkenrufen zum Trotz lernen die meisten Menschen mit den neuen Errungenschaften umzugehen; wichtig ist eine frühzeitige Hinführung und Eigenverantwortung und nicht ein dauerndes Heraufbeschwören von Katastrophen. Es wird sich als Bumerang erweisen, wenn man alles Neue als Teufelswerk abtun will, statt sich mit ihm konstruktiv auseinanderzusetzen. Es liegt an mir allein, ob ich den Computer und das Handy, das I-Pod und den Navigator zu meinem nützlichen Werkzeug mache und sinnvoll nutze oder ob ich davon abhängig werden möchte. Rechtzeitige Erziehung zum sinnvollen Umgang ist angesagt, nicht angstvolles Verbieten.

Wer ist gefährdet?

Statistisch ist das Heer der computersüchtigen Nutzer nicht so groß wie die Medien es gerne machen. Und wann beginnt die Sucht? Wenn alle jene, die sich hie und da gewalttätige Videos reinziehen, zu Gewalttaten animiert würden, wären es Legion. Das aber stimmt nicht. Wer also ist gefährdet?
Wer bereits seit Kindheitstagen ohne hinreichende elterliche Zuwendung dahinleben musste, wer immer wieder gesagt bekam, er sei ein Taugenichts, ein Tunichtgut, und wer nicht genügend Ermutigung erfuhr in Zeiten eines seelischen Tiefs, ist gefährdet. Besonders anfällig sind junge Menschen, die zu Hause Gewalt erleben und keinerlei friedliche Mittel zur Konfliktlösung vorgesetzt bekommen. Diese Menschen laufen Gefahr, auszurasten, sobald ein frustrierender Auslöser hinzukommt: Arbeitslosigkeit, soziales Abgleiten, Liebeskummer, schulische Kränkungen...
Mit anderen Worten: Aggressionsbereite Jugendliche werden durch Gewaltvideos noch aggressiver; wer keine Wut im Bauch hat, wird durch den Konsum solcher Filme nicht aggressiv, jedenfalls nicht

im destruktiven Sinn. Ich selbst beobachte bei mir eine steigende (verbale) Wut auf den aggressiven Täter, vor allem dann, wenn sich das Opfer nicht wehren kann. Ich übernehme sozusagen die Aggression des ohnmächtigen Opfers, nicht die des Täters und bin erst wieder im Gleichgewicht, wenn das Opfer den Täter auf faire Weise besiegen oder beschwichtigen kann.

Wut kann berechtigt sein und muss gezeigt werden, sonst macht sie krank. Wie man sie zeigt, muss gelernt werden. Hier sind Elternhaus (Erziehung, Vorbild) und Schule (Lehrplan, Rollenspiele) gefordert.

Junge Kriminelle, die in harten Erziehungscamps Gemeinschaft und Überleben lernen, haben eine hohe Erfolgsquote bei ihrer sozialen Eingliederung. Sie lernen dort Disziplin, Verantwortung und konstruktive Lösungen von typischen Alltagsproblemen. In den Gefängnissen ist das völlig unbekannt; daher lehne ich eine Gefängnisstrafe für die meisten jugendlichen Straftäter ab. Die Rückfallquote von Knastinsassen ist zu hoch. Niemand wird seines Lebens mächtig, der gefüttert wird mit Bemerkungen wie »aus dir wird nichts«. Killerphrasen haben schon genug Opfer gekostet; es ist Zeit für Vitalphrasen: »Lass dein altes Leben hinter dir und fang neu an. Es ist nie zu spät.« Klar, dass unsere Gesellschaft gefordert ist, sich mehr für solche Neuanfänger einzusetzen. Paragraphen und ein paar warme Worte von halbherzigen Politikern reichen nicht. Gefährdet sind auch Menschen ohne jegliche soziale und spirituelle Orientierung. Wie wir aus den Erfahrungen der großen Pädagogen Don Bosco, Filippo

Neri, Johanna Maria Schmitz wissen, waren es die gemeinsamen religiösen Erfahrungen, die die arbeitslosen Jugendlichen aufgefangen haben. Das ist auch heute noch so in jenen Ländern, in denen Ordensleute Einfluss haben. Nichts ist hoffnungslos, nichts aussichtslos. Die Kraft der Vision kann stärker sein als alle Bedenken.

10. Das christliche Konzept zu einem lebenswerten Leben

Alle bisher aufgezeigten Mittel zur Lebensbewältigung finden wir in der Bibel. Das dort von Jesus vermittelte Know-how für eine faire Streit-, Versöhnungs- und Beziehungskultur umfasst alle Bereiche unseres Alltags.* Die Aufforderungen, Böses mit Gutem zu vergelten, Feinde zu segnen, Sündern zu vergeben, Sorgen auf Gott zu werfen, sich und anderen Gutes zu tun und Recht zu verschaffen, einengende Besitztümer und Menschen loszulassen, Armen zu helfen, sind in keiner Religion so deutlich festgemacht wie im Christentum, leider aber auch schlecht umgesetzt.

Gläubige Menschen genesen schneller von Krankheiten, sind gegen Depressionen und Aggressionen weitgehend gefeit und benötigen weniger Schmerzmittel. So lauten die Ergebnisse von über 1200 wissenschaftlichen Untersuchungen an vielen Universitäten. Vorausgesetzt: Sie haben ein liebendes Gottesbild, kein strafendes. Leider wurde den Menschen zu lange ein bedrohliches Gottesbild vermittelt; man deutete Leid und Elend als Strafe Gottes für die Sünden des Menschen. Das aber ist falsch und entspricht keineswegs dem Gottesbild Jesu. Gläubige, die ein solches »dämonisches« Gottesbild verinnerlicht haben, neigen mehr zu seelischen Störungen als Nichtreligiöse. Wenn von der Frohen Botschaft Jesu nicht viel übrig bleibt, überzeugt das Christentum nicht.

* Vgl. dazu auch J. Müller: Der missverstandene Jesus. Kiel 2007, Gott ist anders. Betulius Verlag Stuttgart 1993, 2005

Die spirituelle Dimension wird von immer mehr Menschen als hilfreich und notwendig angesehen. Religion ist im Kommen, wenn auch nicht kirchlich eingebunden. Dabei hat die Einbindung in eine betende Gemeinschaft noch mehr Vorteile; sie verstärkt die Wirkung des Glaubens.* Gottesdienstbesucher kommen besser weg als Beter im stillen Kämmerlein. Gemeinschaftliche Rituale, empfangene Sakramente und Lieder lassen zeitweise Sorgen vergessen. Wenn dann noch Raumgestaltung, Texte und Ansprache meine Seele anrühren, kann Liturgie zur Therapie werden.

Das garantiert keine Befreiung von Krankheiten; denn gerade von sehr tiefgläubigen Menschen weiß man, dass sie auch von Depressionen geplagt sein können. Nur ihr Glaube hält sie noch aufrecht. Wo aber der metaphysische Rückhalt fehlt, besteht Gefahr des Absturzes. Kritiker wenden ein, dass religiöse Menschen zu bequem seien, ihr Leben in die Hand zu nehmen, oder ängstliche Menschen seien, die einen Gott zum Überleben brauchen. Dagegen wende ich ein: Und wenn schon, ist es nicht vernünftiger, sich einen Nothelfer zu denken als im Alleingang den Helden zu spielen? Mir fällt immer wieder auf, dass gerade jene, die Gott vehement ablehnen, die ersten sind, die von ihm reden. Warum aber sollte jemand ständig über etwas sprechen, das es angeblich nicht gibt?

Die Lehre Jesu wird allerdings schlecht umgesetzt. Wo man mit dem moralischen Zeigefinger kommt, mit einer Hölle droht, und wo Opferleistungen, Ver-

---

* Zwingmann, Chr. und Moosbrugger H: Religiosität. Messverfahren und Studien zu Gesundheit und Lebensbewältigung. Münster 2004

zichtforderungen oder Sündenstrafen im Vordergrund stehen, wird die Botschaft verfälscht. Gott macht keine Angst. Im Gegenteil: »Fürchtet euch nicht!« heißt seine Devise. Wo immer man den Menschen zwingt, ein anderer zu werden, um sich die Liebe zu holen, blockiert man seine Entwicklung. Gott liebt uns so, wie wir sind. Wir müssen nicht anders werden, um geliebt zu sein. Und gerade das ermöglicht uns, anders zu werden. So einfach ist das. Aber die Angst der Moralisten, das Misstrauen der Fundamentalisten sowie der Übereifer der Rigoristen haben Tausende aus den Kirchen gejagt, eben jene, die Gott gesucht haben.

Stellen Sie sich vor, Sie haben eine Menge fundamentaler Fehler begangen, darunter einige kapitale Sünden. Gott verlangt von Ihnen nichts außer Reue. Wenn Sie bereuen, sind Ihnen alle Schulden erlassen. So lehrt es Jesus. (Lukas 17,3)

Stellen Sie sich vor, Sie kommen erst im hohen Lebensalter zu Gott. Dann sterben Sie. Sie werden im Himmel erscheinen und finden dort alle Frommen, die ein Leben lang Gott treu waren. Sie erhalten den gleichen Lohn wie diese Menschen. Unverdientermaßen. So lehrt es Jesus. (Matth 20,1 ff)

Stellen Sie sich weiter vor, Sie seien dem Irrtum erlegen, es gäbe keinen Gott. Dennoch versuchen Sie Ihr Leben anständig über die Bühne zu bringen. Auch Sie werden zur Seligkeit gelangen. (Joh 10,16)

Und was ist mit den radikalen Gottesleugnern? Mit den Gottesbekämpfern? Wir wissen es nicht. Weil wir die Motive ihres Handelns nicht kennen, können wir nichts darüber sagen. Die Rede Jesu von der Hölle darf als frei gewählte Gottesferne verstanden werden. Wie aber geht es Menschen, die fern von Gott sind, völlig isoliert? Wir müssen uns eingestehen, dass wir nicht viel wissen.

Wenn Mutter Theresa die Sterbenden in Kalkutta nicht gesammelt und betreut hätte, wären sie auf den Straßen gestorben. Denn der Hinduismus betrachtet das Leid als Folgeschäden eines früheren Lebens, als persönliches Karma, das keine Einmischung erfordert. Das hat Jesus abgelehnt (Joh 9,2 f). Wo immer Menschen Gutes tun, wirkt es ansteckend. Es ist nicht wie beim faulen Apfel, der die gesunden ansteckt, sondern hier kann der gesunde Apfel die faulen besser machen. Das ist das Geheimnis des Glaubens. Wer anderen intensiv Gutes wünscht, mag es erreichen; es sei denn, der andere sperrt sich dagegen. Aber wer sollte sich gegen Gutes versperren wollen? Am Ende wird das Gute siegen; diese Botschaft ist nicht allein eine biblische, sondern eine archetypische, d.h. sie ist im menschlichen Empfinden eingebaut, was in allen Märchen der Welt, in allen Legenden und Mythen zum Ausdruck kommt.

Die Zusagen Gottes in den Seligpreisungen (Matth.5,1ff) sind keine faulen Vertröstungen, sondern verbindliche Herstellung von Gerechtigkeiten, die auf Erden fehlen.

Selbstkontrollierte Menschen sind erfolgreicher als undisziplinierte. Sie leben auch glücklicher und länger.* Und die Religion verhilft zu einer stärkeren Selbstkontrolle, indem sie klare Verhaltensregeln vorgibt. Eine persönliche Gottesbindung sowie eine

---

* Vgl. Mc Cullogh, M und Williloughbay, B.: Religion, self-regulation and self-control. Psych. Bulletin 135

Verinnerlichung kirchlicher Werte gibt Orientierung, die einem hilft, den inneren Schweinehund zu überwinden.
»Ich bin der Weg, die Wahrheit und das Leben«, sagt Jesus. Im Klartext: Alle Versuche einer Selbsterlösung sind zum Scheitern verurteilt.

Stärke das Gute in dir und im anderen

Die Shell-Studie zur Lage der deutschen Jugend präsentiert uns eine optimistische Grundstimmung in Bezug auf ihre private Zukunft. Das mag verwundern angesichts der wirtschaftlichen Lage im Land. Die Studie erwähnt ein relativ starkes Selbstvertrauen; weist aber auch auf die Unsicherheit hin, die in der Vorhersagbarkeit der Ereignisse besteht. Langes Planen geht nicht mehr, Flexibilität ist gefragt, Vertrauen in die eigene Kraft, neue Wege zu wagen.
Die christliche Botschaft betont die zuversichtliche Haltung, basierend auf der von Gott zugesagten Begleitung. Dazu gehört auch die Ermutigung der Mitmenschen, der Hinweis auf ihre Gaben und Fähigkeiten. Jesus wollte Gemeinschaft, weshalb er sich zwölf Männer aussuchte und die Jünger zu zweit aussandte. »Wo zwei oder drei beisammen sind, bin ich mitten unter ihnen.« Bei seinen sehr persönlichen und intimen Begegnungen mit seinem Vater zog er wiederholt Johannes, Petrus und Jakobus in sein Vertrauen (Verklärung am Berg Horeb, Matth 17, Gebet am Ölberg Matth 26,37).
Wenn die Bibel vom reinen Denken und Handeln spricht, meint sie nicht ein Freisein von Zorn oder

Neid oder anderen unguten Empfindungen, sondern sie meint die Ablehnung egoistischer Handlungen. Der Zorn darf nicht destruktiv ausarten. Es geht um Beherrschung negativer Impulse, nicht um Verdrängung. Wie sehr wir vom negativen Denken geprägt werden, zeigen folgende Beispiele: Frau A. begegnet ihrem Mitbewohner Herrn B. im Treppenhaus. Sie grüßt ihn freundlich, doch Herr B. erwidert den Gruß nicht und geht weiter. Sie ist empört über diese Unhöflichkeit und erzählt ihrer Freundin davon. Es fallen Worte wie »arrogant« und »eingebildet«. Die Freundin hingegen versucht zu beschwichtigen, indem sie das Verhalten des Herrn B. weniger dramatisch bewertet. So meint sie, dass Herr B. wohl gedankenverloren war, jedenfalls nicht bewusst provozieren wollte.

Herr M. will gerade auf einer viel befahrenen Autobahn überholen. Da schert ein LKW aus und setzt sich vor seine Nase, sodass Herr M. scharf abbremsen muss. Er ärgert sich und zeigt dem LKW-Fahrer den Vogel, wobei er laut und lang die Hupe betätigt. Diese Situation kennt jeder Autofahrer. Ich gestehe, auch mich ärgert ein solches Verhalten. Wäre es nicht besser und für die Gesundheit bekömmlicher, wenn man die Unaufmerksamkeit des LKW-Fahrers entschuldigt? Der Mann hat einen schweren Job, wird ohnehin von den meisten PKW-Fahrern am Überholen gehindert, und ist schlecht bezahlt.

Wer sich in der Vermeidung negativen Denkens, pauschalen Urteilens und hämischen Abwertens übt, hat es besser: Er verliert sein Gleichgewicht nicht und bleibt auch in kritischen Situationen überlegen. Nichts anderes meint auch die Bibel.

Wir Deutsche haben einen Kondomkomplex, d.h. wer immer auch dagegen spricht, rührt an verdrängte Ängste und bekommt die geballte Ladung des Kondoms an den Kopf geworfen. Als sich der Papst bei seinem Afrika-Besuch 2009 gegen die Benutzung von Kondomen zur Aidsbekämpfung aussprach, war die mediale Hölle los; sogar politische Parteien drohten mit Anzeigen gegen die Verletzung der Menschenwürde. Etwas Idiotischeres hätte nicht passieren können. Offenbar hat nicht einer von diesen Dummköpfen die Rede gehört; denn der einzige Satz zu diesem Thema lautete: »…ich würde sagen, das Problem AIDS kann man nicht bloß mit Werbeslogans überwinden. Wenn die Seele fehlt, wenn die Afrikaner sich nicht selbst helfen, kann diese Geißel nicht mit der Verteilung von Kondomen beseitigt werden. Im Gegenteil: es besteht das Risiko, das Problem zu vergrößern.«
Als gegen diese Äußerung Protest erhoben wurde, stellten sich die Afrikaner hinter den Papst und gaben ihm Recht. Im übrigen verbaten sie sich eine Einmischung der westlichen Welt. Auch führende Aidsforscher wie Edward Green äußerten sich ähnlich wie der Papst. Es fällt auf, dass sich westliche Christen kaum gegen eine verzerrte Darstellung der Papstrede wehrten. Im Gegenteil: Sie plapperten nach, was die Medien schrieben und fütterten ihren ohnehin schon satten Ärger »auf diese Kirche« mit neuen Falschmeldungen.
Es ist nicht einfach, gegen den Strom der Masse zu schwimmen; und wer die Quelle sucht, ist streckenweise ganz allein.
TV-Sendungen wie TAFF und BRISANT leben aus-

schließlich von Negativmeldungen: Unfälle, Überfälle, Ausfälle, die ganze Palette menschlicher Dramen wird hier präsentiert. Wie wirkt das auf den Zuschauer?

Da ich schon beruflich genug mit Unheil zu tun habe, will ich nicht auch noch darüber hinaus mit Katastrophen gefüttert werden. Ich schalte ab, suche etwas Schönes oder ertappe mich beim Naschen einer hochprozentigen Schokolade.

Wie geht es Ihnen, wenn in der gemütlichen Runde, in der Sie gerade sitzen, einer am laufenden Band geschmacklose Witze erzählt, sogenannte Zoten?

Lachen Sie aus Höflichkeit mit oder bleiben Sie ungerührt oder setzen Sie etwas dagegen?

Als am Montagmorgen wieder einmal ein Angestellter mit stolzer Brust seine mehr oder weniger niveaulosen Märchen zum Besten gab, erwiderte einer der Mitarbeiter: »Ich beneide dich. Du wirst einen leichten Tod haben.«

»Wieso?« fragte der Kollege.

»Du hast wenig Geist aufzugeben.«

Das saß, denn nun hatte der Mitarbeiter die Lacher auf seiner Seite. Und einen neuen Rivalen. Doch, so denke ich, er wird ihn verkraften können.

Wo täglich hundertfach Negativschlagzeilen und verbale Seitenhiebe produziert und publiziert werden, wird die Stimmung des Volkes gedrückt. Um nicht gänzlich depressiv zu werden, braucht es positive Gegenkräfte. Der Glaube an das Gute im Nächsten, auch im sündigen Menschen, vermag das Gute zu wecken. Die Tatsache, dass sich vorwiegend negative Meldungen besser verkaufen lassen, hängt wohl mit der Selbstablehnung des Menschen zusammen. Und diese wiederum ist Folge einer wenig ermutigenden Erziehung. Gleichwohl ist die Sehnsucht nach heiler Welt da.

Ich pflegte eine Zeit lang eine Freundschaft, die mehr Last als Lust war. Sie zog mich stimmungsmäßig runter; ich bemühte mich sehr um Harmonie und versuchte, das Verhalten des Freundes zu verstehen. Unzuverlässigkeit, fehlende Erreichbarkeit und geplatzte Vereinbarungen haben schließlich zur Trennung geführt. Ich merkte, dass diese Beziehung nicht gut tat und entschloss mich, diesen Menschen loszulassen. Wenn eine Beziehung einseitig abläuft und kein gegenseitiges Interesse da ist, kann sie nicht Freundschaft genannt werden. Hier ist Verabschiedung geboten.

Ein Bekannter von mir entschloss sich, in eine andere Stadt zu ziehen, weil er das aggressive Umfeld nicht mehr ertragen wollte. Ein anderer kündigte seinen Job und suchte sich einen neuen in einem sozialeren Klima. Auch ich wechselte einmal den Arbeitsplatz, nachdem die Beziehung zwischen mir und dem Direktor unerträglich wurde; er mobbte mich, nachdem ich ihn wegen eines Unrechts aufforderte, sich zu entschuldigen.

Heute ist es kaum möglich, einfach so den Arbeitsplatz zu wechseln. Da lässt sich das kalte Sozialklima im Büro nur noch ertragen, wenn es gute Freunde und eine intakte Familie gibt, die den Frust auffangen können. Oder aber es ist genügend spirituelle Reife vorhanden, die dem begegnen kann. Doch wer hat schon beides?

Du schaffst es

Wir haben es also weitgehend in der Hand, ob wir glücklich oder unglücklich sind. Ich sage: weitgehend. Dies bedeutet, dass wir vieles, nicht alles durch unser Denken und Wollen beeinflussen können. Alles Jammern und Schimpfen verschlimmert nur den depressiven Zustand, während Ermutigungen, Zuversicht und Vertrauen in eine höhere Macht den Geist weiten, Kräfte freisetzen, Gehirnmasse verdichten.

Kranke wurden gesund gegen alle ärztlichen Voraussagen, weil sie intensiv an die Heilung glaubten und dafür etwas taten, z.B. meditierten, beteten, und so lebten, als wären sie bereits gesund.

Religiöse Menschen mit einer ausgewogenen Erdung und einer intakten Antenne stehen besser da, weil sie eine geistliche und seelische Abwehrkraft entwickeln gegen den verführerischen Zeitgeist.

Das Lernen neuer Dinge und Gehen neuer Wege vermögen enorme Wirkungen zu entfalten wie das Wachsen der grauen Gehirnmasse und das Entstehen neuer Nervenverbindungen.

Aus gehemmten und scheinbar dummen Kindern werden selbstsichere und intelligente Wesen, wenn sie anfangen, auch an sich selbst zu glauben und nicht in der Opferrolle bleiben, die ihnen die anderen geben. Gedanken wie »Ich kann das nicht« oder »Mir ist sowieso nicht mehr zu helfen« sind verlogene Programme, die sich löschen lassen durch intensives Gegendenken. Dabei helfen Meditationen, Autosuggestionen und das immerwährende

Üben der ungewohnten Schritte; denn nur diese bauen in den entsprechenden Gehirnarealen neue Spuren. Disziplin ist nötig. Und der Glaube daran: denn »was der Mensch sät, wird er ernten« (Galater 6,7). Jesus hat nie gesagt: Ich habe dir geholfen, sondern »Dein Glaube hat dir geholfen.«
Ich bin sicher: Sie schaffen das.